WAR CORRESPONDENTS

KRIEGSKORRESPONDENTEN   OORLOGSVERSLAGGEVERS   CORRESPONSALES DE GUERRA

SCALA

WAR CORRE

KRIEGSKORRESPONDENTEN

OORLOGSVERSLAGGEVERS

CORRESPONSALES DE GUERRA

Contents

Introduction	5
The turn of the century, photography goes to war	9
The First World War	69
The wars between the wars: Ethiopia, Spain, Shanghai	161
The Second World War	223
The wars that followed WWII	457
The wars of our times	545

Inhalt

Einführung	5
Ende des Jahrhunderts, das Foto zieht in den Krieg	9
Der Erste Weltkrieg	69
Die Kriege nach dem Ersten Weltkrieg:	
Äthiopien, Spanien, Shanghai	161
Der Zweite Weltkrieg	223
Die Kriege der zweiten Nachkriegszeit	457
Die Kriege unserer Zeit	545

Inhoudsopgave

Inleiding	6
Fin de siècle, de foto's gaan de oorlog in	9
De Eerste Wereldoorlog	69
De oorlogen na de Eerste Wereldoorlog:	
Ethiopië, Spanje, Shanghai	161
De Tweede Wereldoorlog	223
De oorlogen na de Tweede Wereldoorlog	457
De hedendaagse oorlogen	545

Índice

Introducción	7
Fin de siècle, la foto va a la guerra	9
La Primera Guerra Mundial	69
Las guerras de la primera posguerra: Etiopía, España, Shangai	161
La Segunda Guerra Mundial	223
Las guerras de la segunda posguerra	457
Las guerras de nuestros días	545

Introduction

There were no soldiers on the border at Morini that morning in 1999. Nor were there any Serbian tanks. NATO's air bombing campaign had forced Yugoslav forces to withdraw from Kosovo. Many reporters crossed the border that day, and some were killed by snipers. No one was ever found guilty for those deaths and no justification was ever forthcoming.
They were dead and that was that, just for trying to tell the story of that war. The same thing has been happening for more than 150 years, since, in fact, journalists and photographers first began to bear witness to what was happening to soldiers in combat. That soldiers died was known, but there came a time that what they suffered was less anonymous and their fate was no longer rhetoric about faceless bodies. The brutality and misery of conflict filled the front pages of newspapers, and accounts were enriched with details. Unknown faces had names and surnames and people back home began to get an idea of what was happening on the front lines. In due course, it was specialist professionals who reported on wars, part soldiers and part reporters, tempted sometimes to use a rifle or forced to wear a uniform. Freelance, embedded, kidnapped and killed; their numbers have grown since the end of the 19th century, which in itself tells its own story about this profession, one that today still compels these voluntary witnesses to make their way to places full of blood, death and horror. Professional war correspondents every one.

Claudio Razeto

Einführung

An jenem Morgen im Jahr 1999 waren keine Soldaten an der Grenze von Morini. Und auch keine serbischen Panzer. Durch die Luftangriffe der Nato sahen sich die Belgrader Truppen zur Räumung des Kosovo gezwungen. Viele Reporter überschritten an jenem Tag die Grenze und einige von ihnen fanden durch Heckenschützen den Tod. Keiner dieser Toten sollte jemals einen Schuldigen für seine Ermordung finden – und noch viel weniger eine Rechtfertigung. Sie waren einfach tot. Sie hatten ihr Leben dafür gegeben, um die Geschichte eines Krieges zu erzählen. Und das passiert seit über 150 Jahren, seit Journalisten und Fotografen damit begonnen haben, aus erster Hand all das zu erzählen, was den Soldaten in der Schlacht zustößt. Dass Soldaten sterben, ist nichts Neues, aber von einem gewissen Punkt an, verlor ihr Tod seine Anonymität. Sie traten aus den glorifizierenden Schlachtenbildern heraus, um die Wirklichkeit zu zeigen. Die Gräuel und das Elend der Kriege landeten in den Schlagzeilen der Zeitungen, die Berichterstattung wurde detaillierter, man las die Vor- und Nachnamen von einfachen Fußsoldaten, die Leute zu Hause konnten sich ein Bild von dem machen, was an der Front geschah. Und ganz plötzlich wurde daraus ein richtiggehender Beruf und die Kriegsjournalisten zu wahren Spezialisten. Ein bisschen Soldat und ein bisschen Reporter, entweder freiwillig, mit dem Wunsch ein Gewehr in Händen zu halten, oder hineingezwängt in eine Uniform. Freelance, embedded, entführt, ermordet – die Eskalation seit Ende des 19. Jahrhunderts bis heute ist die Geschichte dieses Berufsstandes, der auch weiterhin Dutzende von freiwilligen Zeugen in ein von Blut, Tod und Grauen durchtränktes Gebiet zieht: die Kriegsberichterstatter.

Claudio Razeto

Inleiding

Die morgen, in 1999, waren er geen soldaten aan de grens van Morini. En zelfs geen Servische tanks. De luchtbombardementen van de Navo hadden de troepen van Belgrado gedwongen Kosovo te verlaten. Vele verslaggevers gingen die dag de grens over en enkelen werden door de scherpschutters vermoord. Voor geen van deze doden werd ooit een schuldige of een rechtvaardiging gevonden. Ze waren dood en daarmee uit, ofschoon ze slechts probeerden verslag te doen van een oorlog. Dit gebeurt sinds 150 jaar, toen journalisten en fotografen voor het eerst zelf getuigen werden van wat soldaten in de strijd meemaakten. Dat soldaten stierven was bekend, maar vanaf een bepaald moment werd hun lijden minder anoniem, ze lieten de retoriek van schilderijen achter zich en werden reëler. De brutaliteiten en de miserie van de conflicten kwamen op de voorpagina's van de kranten terecht en de kronieken werden met details verrijkt, er verschenen namen en achternamen van anonieme infanteriesoldaten en de mensen thuis begonnen zich een voorstelling te maken van wat er in de eerste linies gebeurde. Vervolgens werd dit alles een echt beroep en werden oorlogsjournalisten specialisten. Een beetje soldaat en een beetje verslaggever, proberen een geweer vast te houden of verplicht zijn een uniform te dragen. Freelance, embedded, gekidnapt, vermoord: de escalatie van het einde van de negentiende eeuw tot heden maakt kroniek van dit werk en tientallen vrijwillige getuigen blijven naar een grondgebied trekken dat uit bloed, dood en verschrikking bestaat. Dat is het werk van de oorlogsverslaggevers.

Claudio Razeto

Introducción

No había soldados en la frontera de Morini esa mañana de 1999. Y tampoco los tanques serbios. Los bombardeos aéreos de la Otan habían obligado a las tropas de Belgrado a desalojar Kosovo. Muchos reporteros pasaron la frontera aquel día y algunos murieron por los francotiradores. Ninguna de esas muertes encontró ni un culpable ni un motivo. Murieron y es suficiente para poder contar una historia de guerra. Fue eso lo que sucede desde hace más de 150 años, desde que periodistas y fotógrafos empezaron a dar testimonio en primera persona de lo que le sucedía a los soldados en el combate. Que los soldados morían se sabía, pero de un momento en adelante sus sufrimientos fueron menos anónimos, salieron de los marcos retóricos para volverse más reales. Las fealdades y las miserias de los conflictos terminaron en las primeras páginas de los periódicos, las crónicas se enriquecieron de detalles, aparecieron nombres y apellidos de infanterías anónimas y la gente en casa empezó a hacerse una idea de lo que estaba pasando en primera línea. Luego todo esto se volvió un verdadero trabajo y los periodistas de guerra fueron unos especialistas. Un poco soldados y un poco reporteros con la tentación de tomar un fusil o la obligación de llevar un uniforme. Freelance, embedded, secuestrados, asesinatos, la escalation de fines de 800 hasta hoy hace la crónica de este trabajo que sigue empujando decenas de testimonios voluntarios en un territorio hecho de sangre, de muerte y de horror. El de los corresponsales de guerra.

Claudio Razeto

THE TURN OF THE CENTURY, PHOTOGRAPHY GOES TO WAR

Photo stills, soldiers frozen in time posing in their shiny uniforms besides cannons, ravaged trenches rebuilt just so that the memory of something that should be remembered could be captured on a photographic plate: the devastation and horror of death on the battlefield. Photography goes to war and displays all the limitations of its early technology. But it does evolve. Photos of the wars in Crimea and Sedán are quite different to those of the American Civil War. There, in images that are clear and sharp, horror appears for the first time amidst bodies that have been posed, artistically even, and the faces of young lifeless soldiers express the essence of a violent death that many photo-reporters would try to emulate in the years that followed the rise of America as a world power.
It was the dawn of the era of photo-reporters.

ENDE DES JAHRHUNDERTS, DAS FOTO ZIEHT IN DEN KRIEG

In starren Posen verharrende Soldaten mit Kanonen und blitzsauberen Uniformen, eingestürzte Schützengräben, die eigens dafür wiederhergestellt wurden, um auf den Bildplatten die Erinnerung an etwas zu verewigen, das noch erdacht werden sollte: das Verderben und das Grauen des in der Schlacht erlittenen Todes. Die Fotografie zeigt während des Kriegs noch die ihm anhaftenden technologischen Grenzen. Allerdings kommt es auch zu einer Entwicklung: Die Fotos aus dem Krimkrieg und von Sedan sind schon ganz anders als die, wie man sie aus dem Amerikanischen Bürgerkrieg kennt. Hier treten zum ersten Mal die (womöglich kunstvoll) in Pose gelegten Leichen in Erscheinung. Man sieht sie auf gestochen scharfen Bildern. Die Antlitze der jungen Soldaten vermitteln jene Bedeutung vom gewaltsamen Tod, dem unzählige Fotoreporter in der Folgezeit nacheifern werden.

FIN DE SIÈCLE, DE FOTO'S GAAN DE OORLOG IN

Statische foto's, in pose bevroren soldaten met kanonnen en glimmende uniformen, verwoeste loopgraven die speciaal weer opgebouwd werden om de herinnering aan iets dat men zich nog moest gaan voorstellen op de gevoelige plaat vast te leggen: de ondergang en de verschrikking van de dood in de strijd. De fotografie gaat de oorlog in en toont iedereen de beperkingen van haar oorspronkelijke technologie. Maar er vindt een evolutie plaats. De foto's van de Krimoorlog, van Sedan, zien er anders uit dan die van de Amerikaanse burgeroorlog. De afschuw doet haar eerste intrede: lijken die misschien wel opzettelijk in pose gezet werden, op scherpe foto's. De gezichten van de jonge gesneuvelde soldaten drukken het gevoel van een gewelddadige dood uit, en in de daarop volgende jaren zullen vele fotoverslaggevers hiernaar op zoek gaan.
Aan het begin van de twintigste eeuw wordt dit bevestigd door de foto's van Lorenzo D'Adda in Port Arthur achter de linies van het opkomende Keizerrijk van de Rijzende Zon, door de foto's van de Italiaanse luchtschepen die in Libië voor de eerste luchtbombardementen ingezet werden, door de reportages in Cuba en Manila van de opkomende Amerikaanse macht.
Het tijdperk van de fotoverslaggevers aan het front is net begonnen.

FIN DE SIÈCLE, LA FOTO VA A LA GUERRA

Fotos estáticas, soldados congelados en pose con cañones y uniformes lustres, trincheras destruidas reconstruidas especialmente para imprimir en las lastras el recuerdo de alguien que aún se imaginaba: la ruina y el horror de la muerte en el combate. La fotografía va a la guerra mostrando a todos los límites de su tecnología originaria. Pero hay una evolución. Las fotos de la guerra de Crimea, de Sedán aparecen distintas que las de la guerra civil americana. Aquí el horror hace su primer aparición en los cadáveres puestos en pose, tal vez artísticamente, en tomas nítidas, los rostros de los jóvenes soldados caídos expresan el sentido de la muerte violenta que tantos fotorreporteros seguirán en los años siguientes.
os inicios de 1.900 lo reconfirman con las fotos de Lorenzo D'Adda en Port Arthur detrás de las líneas del incipiente Impero del Sol esas de los dirigibles italianos utilizados en Libia en los primeros bombardeos aéreos o en los reportajes en Cuba y Manila otencia americana.
te apenas había comenzado.

The Crimean War
Krimkrieg
De Krimoorlog
Guerra de Crimea
1853 – 1856

Roger Fenton, 1852
A self-portrait of photographer Roger Fenton.
Der Fotograf Roger Fenton, Selbstportrait.
De fotograaf Roger Fenton, zelfportret.
El fotógrafo Roger Fenton, autorretrato.

Roger Fenton was the first person ever to photograph war. His pictures were intended to raise the public's spirits about the way the war was going.

Roger Fenton machte die ersten Kriegsfotografien der Geschichte. Mit seinen Aufnahmen sollte er die öffentliche Meinung der Engländer über den Verlauf des Krieges verbessern.

Roger Fenton maakte de eerste oorlogsfoto's van de geschiedenis. Hij moest met zijn beelden de Engelse publieke opinie over het verloop van de oorlog positief beïnvloeden.

Roger Fenton realizó las primeras fotos de guerra de la historia. Con sus imágenes tenía que recuperar la opinión pública inglesa sobre el desarrollo de la guerra.

Roger Fenton, 1855
The photographic van kitted out by Fenton and nicknamed Buddy. In the driver's seat, his assistant Marcus Sparling.
Der mit dem Spitznamen "Buddy" bezeichnete Fotowagen Fentons. Am Steuer sein Assistent Marcus Sparling.
De fotowagen, met de bijnaam Buddy, uitgerust door Fenton. Zijn assistent Marcus Sparling zit op de bok.
El carro fotográfico, apodado Buddy, equipado por Fenton. Conduciéndolo el asistente Marcus Sparling.

Roger Fenton, 1855
William Howard Russell, war correspondent for The Times.
William Howard Russell, Kriegskorrespondent der Times.
William Howard Russell, oorlogscorrespondent van de Times.
William Howard Russell, corresponsal de guerra del Times.

Roger Fenton, 1855
Crimea, the roadsted at Balaklava.
Die Balaklava-Bucht der Krim.
De rede van Balaklava in de Krim.
La rada de Balaklava en Crimea.

◀ **Roger Fenton, 1855**
The mortar battery at Picquet House. Cholera and other diseases claimed more victims than the cannon.
Granatwerfer-Batterie in Picquet House. Die Cholera und andere Krankheiten erzeugten mehr Opfer als die Kanonenschüsse.
Mortierbatterij in Picquet House. De cholera en andere ziektes maakten meer slachtoffers dan de kanonskogels.
Batería de morteros en Picquet house. El cólera y las enfermedades produjeron más víctimas de los disparos de cañón.

▶ **Roger Fenton, 1855**
British infantrymen during the siege of Sebastopol.
Englische Infanterie während der Belagerung von Sewastopol.
Engelse infanterie tijdens het beleg van Sebastopolis.
Infantería inglesa durante el sitio de Sebastopol.

◀ **Roger Fenton, 1855**
Cannon balls on the battlefield at Balaklava after the dead had been taken away.
Kanonenkugeln auf dem von den Gefallenen frei geräumten Schlachtfeld.
Kanonskogels op het veld van Balaklava dat van de lijken ontdaan is.
Balas de cañón en el campo de Balaklava limpiado de los cadáveres.

The Risorgimento (The Unification of Italy)
Risorgimento
Het Risorgimento
Resurgimiento

The Savoys sent Swiss photographer Eugène Saivastre to Gaeta many months after it had fallen. He had to pose "models" to look like dead bodies on enemy fortifications in order to achieve the effect he wanted.

Der schweizerische Fotograf Eugène Saivastre traf im Auftrag der Savoyen mehrere Monate nach dem Fall in Gaeta ein. Um seinen Aufnahmen mehr Wirkung zu verleihen, ließ er "Modelle" als Leichname auf den Festungen des Feindes posieren.

De Zwitserse fotograaf Eugène Saivastre arriveerde in opdracht van de Savoyes vele maanden na de val in Gaeta. Om zijn beelden effect te geven, liet hij "modellen" als lijken op de vijandelijke vestingwerken poseren.

El fotógrafo suizo Eugène Saivastre llegó a Gaeta encargado por los Saboyas varios meses depués de la caída. Para brindar efecto a sus imágenes hizo posar unos "modelos" como cadáveres en las fortificaciones enemigas.

Eugène Saivastre, 1861
The remains of a Bourbon battery in Gaeta.
Die Reste einer borbonischen Batterie bei Gaeta.
De resten van een Bourbonse batterij in Gaeta.
Los restos de una batería borbónica en Gaeta.

The American Civil War
Amerikanischer Bürgerkrieg
De Amerikaanse Burgeroorlog
Guerra Civil Americana

1861 – 1865

1865
Dead Confederate soldier, Petersburg Virginia.
Gefallener Konföderierter, Petersburg, Virginia.
Gesneuvelde geconfedereerde, Petersburg, Virginia.
Caído confederado, Petersburg, Virginia.

◀ **Samuel A. Cooley, 1864**
Federal artillery in action close to Charleston, South Carolina.
Konföderierte Artillerie im Einsatz bei Charleston, South Carolina.
Federale artillerie in actie bij Charleston, South Carolina.
Artillería federal en acción en Charleston, South Carolina.

▶ **1865**
Richmond in ruins.
Richmond in Ruinen.
Richmond in puin.
Richmond en ruinas.

Timothy H. O'Sullivan, 1863
Correspondents at the front next to the
New York Herald wagon.
Korrespondenten mit dem Wagen des
New York Herald an der Front.
Correspondenten met de wagen van de
New York Herald aan het front.
Corresponsales con el carro del New
York Herald en el frente.

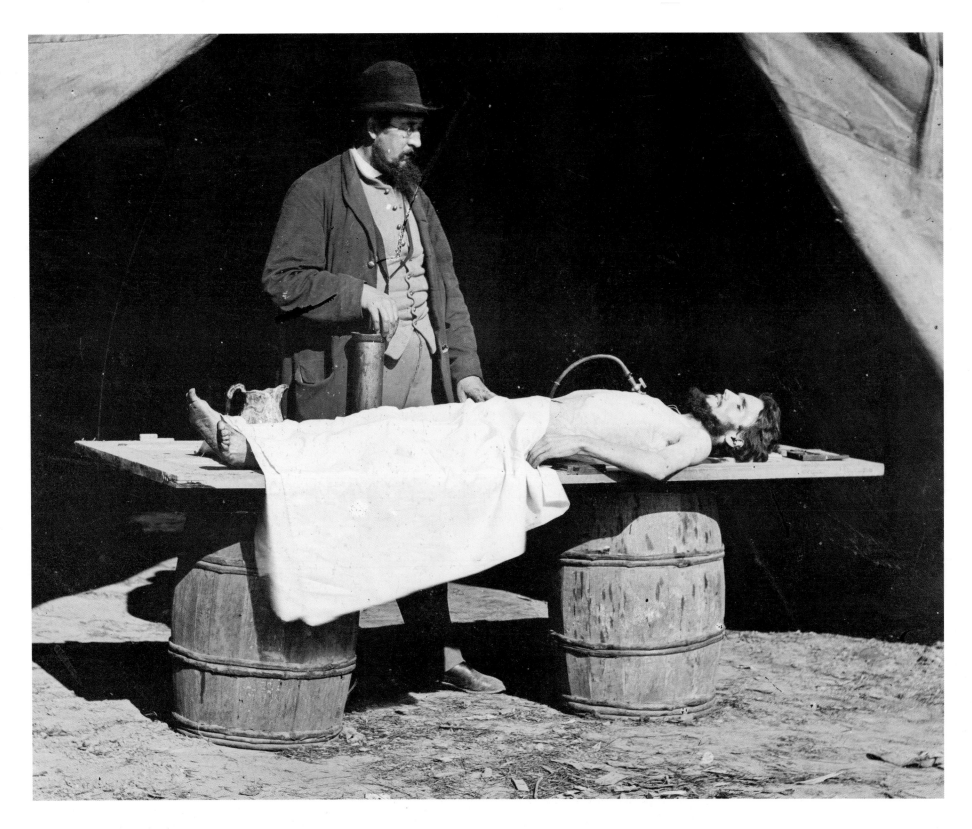

Field medicine: amputations accounted for more than three quarters of the operations carried out on the injured.
Feldmedizin: über drei Viertel der Operationen an Verwundeten waren Amputationen.
Veldgeneeskunde: meer dan driekwart van de operaties die op de gewonden uitgevoerd werden, waren amputaties.
Medicina de campo: más de tres cuartos de las operaciones en los heridos eran amputaciones.

Hundreds of photographers descended on the front line. Some of them took portrait shots of soldiers that they could send home to their families - so-called calling cards or *cartes de visite* - but others immortalized the carnage on the battlefields that they sold to the papers for 25 cents each. They were the first photo-reporters.

Hunderte von Fotografen strömten zur Front; einige von ihnen machten Portraits, die von den Soldaten dann nach Hause zu den Familien gesendet wurden, so genannte *Visitenkarten*, während andere das Blutbad auf den Schlachtfeldern verewigten und für 25 Dollar-Cent an die Zeitungen verkauften. Sie waren die ersten Fotoreporter.

Honderden fotografen stortten zich op het front. Enkelen van hen maakten portretten die de soldaten naar huis stuurden, de zogenaamde *cart da visite*. Anderen legden de bloedbaden op het slagveld vast en verkochten deze foto's vervolgens voor 25 dollarcent aan de kranten. Dit waren de eerste fotoreporters.

Cientos de fotógrafos se dirigieron hacia el frente, algunos de ellos realizaban retratos que los soldados mandaban a casa de sus familias, las denominadas *cart da visite*, pero otros inmortalaron las masacres en los campos de batalla vendidas a los periódicos a 25 centésimos de dólar. Fueron los primeros reporteros.

▲ **1864**
Dead Confederate soldier, Spotsylvania.
Gefallener Konföderierter, Spotsylvania.
Gesneuvelde geconfedereerde, Spotsylvania.
Caído confederado, Spotsylvania.

◀ **Alexander Gardner, 1863**
Dead Confederate soldier, Gettysburg, Pennsylvania.
Gefallener Konföderierter, Gettysburg, Pennsylvania.
Gesneuvelde geconfedereerde, Gettysburg, Pennsylvania.
Caído confederado, Gettysburg, Pennsylvania.

1865 ▶
Matthew Brady, considered to be the father of all war photojournalists. He organised 20 teams of photographers to follow Union troops.
Matthew Brady, Vorreiter der Kriegsfotoreporter. Er organisierte 20 Fotografenteams, die als Gefolge der Unionstruppen abgesandt wurden.
Matthew Brady, voorloper van de oorlogskroniekfotografen. Hij organiseerde 20 teams fotografen die de troepen van de Unie volgenden.
Matthew Brady, antesignano de los fotorreporteros de guerra. Organizó 20 equipos de fotógrafos enviados junto con las tropas de la Unión.

◀ **Matthew B. Brady, *ca.* 1865**
General William Tecumseh Sherman. His "total war" tactics brought the South, under General Lee, to its knees.
General William Tecumseh Sherman. Seine Taktik des "totalen Kriegs" ließ den Süden von Lee in die Knie gehen.
Generaal William Tecumseh Sherman. Zijn tactiek van de "totale oorlog" bracht het Zuiden van Lee ten val.
El general William Tecumseh Sherman. Su táctica de la "guerra total" puso en rodillas el Sur de Lee.

▲ **Alexander Gardner, 1863**
A Confederate soldier who died in battle, Gettysburg, Pennsylvania.
Im Kampf gefallener konföderierter Soldat, Gettysburg, Pennsylvania.
In de strijd gesneuvelde geconfedereerde soldaat, Gettysburg, Pennsylvania.
Soldado confederado caído durante la batalla, Gettysburg, Pennsylvania.

◀ **1865**
General Gamble and his staff at Camp Stoneham, Giesborough Point.
General Gamble und sein Team im Camp Stoneman, Giesborough Point.
Generaal Gamble en zijn staff in Camp Stoneman, Giesborough Point.
El General Gamble y su equipo en Camp Stoneman, Giesborough Point.

The Franco-Prussian War
Französisch-Preußischer Krieg
De Frans-Pruisische oorlog
Guerra franco-prusiana
1870 – 1871

Following an edict issued by Napoleon III after the Battle of Solferino on 24th June 1859, photographers were treated much as if they were robbers who looted the dead, and were forbidden access to battlefields.

Auf Grundlage eines von Napoleon III. nach der Schlacht von Solferino vom 24. Juni 1859 erlassenen Edikts wurde den Fotografen der Zutritt zu den Schlachtfeldern verboten als ob es sich um Diebe und Leichenplünderer handelte.

Op grond van een edict van Napoleon II, uitgevaardigd na de Slag bij Solferino van 24 juni 1859, werd fotografen de toegang tot het slagveld ontzegd, alsof ze lijkenrovers zouden zijn.

Según una ordenanza de Napoleón III, emitida después de la batalla de Solferino del 24 de junio de 1859, a los fotógrafos se prohibía el acceso a los campos de batalla como si se tratara de ladrones y expoliadores de cadáveres.

1870
Portrait of Napoleon III.
Portrait von Napoleon III.
Portret van Napoleon III.
Retrato de Napoleón III.

1870
Prussian soldiers after the capture of Fort de la Double-Couronne in St. Denis.
Preußische Soldaten nach der Eroberung von Fort de la Double-Couronne in St. Denis.
Pruisische soldaten na de verovering van Fort de la Double-Couronne in St. Denis.
Soldados prusianos después de la conquista de Fort de la Double-Couronne en St. Denis.

1870
Paris St. Cloud after the Prussian bombardment.
Paris St. Cloud nach den preußischen Bombardements.
Paris St. Cloud na de Pruisische bombardementen.
París St. Cloud después de los bombardeos prusianos.

◀ **1870**
Fort Issy after the bombardment by the Prussians.
Fort Issy von den Preußen bombardiert.
Het door de Pruisen gebombardeerde Fort Issy.
Fort Issy bombardeado por los prusianos.

▶ **1870**
French prisoners in a Prussian hospital.
Französische Gefangene in einem preußischen Krankenhaus.
Franse gevangenen in een Pruisisch ziekenhuis.
Prisioneros franceses en un hospital prusiano.

▶ **1871**
Prussian troops during the siege of Metz.
Preußische Truppen bei der Belagerung von Metz.
Pruisische troepen bij het beleg van Metz.
Tropas prusianas sitiando Metz.

The Indian Wars
Indianerkriege
De Indiaanse oorlogen
Guerras indianas

1865
The Sioux Oglala tribe at Wounded Knee in the Pine Ridge reserve.
Stamm der Sioux Oglala bei Wounded Knee, Reservat von Pine Ridge.
Stam van de Sioux Oglala in Wounded Knee, reservaat van Pine Ridge.
Tribú de los Sioux Oglala en Wounded Knee, reserva de Pine Ridge.

◀
General George Armstrong Custer (1839 - 1876), Civil War hero.
General George Armstrong Custer (1839 - 1876), Held des Bürgerkriegs.
Generaal George Armstrong Custer (1839 - 1876), held van de burgeroorlog.
El general George Armstrong Custer (1839 - 1876), héroe de la guerra civil.

General Custer's Seventh Cavalry, sent to the Black Hills in the summer of 1876 to quash the Sioux rebellion, was annihilated in the most celebrated battle ever fought against the Native Americans. Mark Kellogg, correspondent for the "Tribune" and the Associated Press, died, on the same day as Custer, the 25th June 1876.

Das 7. Kavallerieregiment von General Custer, das im Sommer 1876 auf die Black Hills gesandt wurde, um die Sioux zu unterwerfen, wurde in der berühmtesten Schlacht gegen die Eingeborenenbevölkerung Amerikas vernichtet. Zusammen mit Custer starb am 25. Juni 1876 auch Mark Kellogg, Journalist der "Tribune" und des Ap.

De Zevende Cavalerie van Generaal Custer, die in de zomer van 1876 naar Black Hills gezonden was om de Sioux te onderwerpen, werd verslagen in een van de beroemdste veldslagen die tegen de oorspronkelijke Amerikaanse bevolking geleverd werd. Op 25 juni 1876 stierf niet alleen Custer maar ook Mark Kellogg, journalist van de "Tribune" en van de Ap.

La Séptima Caballería del general Custer, enviada en el verano de 1876 en Black Hills para someter a los Sioux, fue abatida en la más célebre de las batallas combatidas contra el pueblo de los nativos americanos. Junto a Custer, el 25 de junio de 1876 murió también Mark Kellogg periodista del "Tribune" y del Ap.

▶ 1876
A Native American painting of the improbable death of General Custer.
Der unwahrscheinliche Tod des Generals Custer in einer Zeichnung der amerikanischen Eingeborenen.
De onwaarschijnlijke dood van Generaal Custer in een tekening van de oorspronkelijke Amerikanen.
La muerte improbable del General Custer en un diseño de los nativos americanos.

◀ **John C. H. Grabill, 1887**
The horse "Comanche", the only survivor of the Black Hills massacre in 1876.
Das Pferd "Comanche", einziger Überlebender des Massakers auf den Black Hills im Jahr 1876.
Het paard "Comanche", enige overlevende van de slachting op Black Hills in 1876.
El caballo "Comanche", único sobreviviente del masacre en Black Hills, 1876.

◀ **John C. H. Grabill, 1890**
An American trooper in Camp Cheyenne. More than ten years after the death of Custer, the muzzle-loading Remington was still in use.
Amerikanischer Soldat der leichten Kavallerie, Camp Cheyenne. Über zehn Jahre nach dem Tod von Custer gehörte der Vorderlader Remington noch zur Ausrüstung.
Amerikaans cavalerist, kamp Cheyenne. Meer dan tien jaar na de dood van Custer maakte de Remington met voorlading nog steeds deel uit van de uitrusting.
Soldado de infantería americano, camp Cheyenne. Más de diez años después de la muerte de Custer, el Remigton de avancarga estaba aún en dotación.

The Boer Wars
Englisch-Burische Kriege
De oorlog tussen Engeland en de Boeren
Guerras anglo-boeras

1880 - 1881

1899 - 1902

1900
Boer sharpshooters skilled at firing from a distance, inevitably aimed for British officers.
Burische Schützen, die zu hervorragenden Fernschüssen fähig sind, und die fürchterliche Gewohnheit pflegten, auf englische Offiziere zu zielen.
Boerenschutters, zeer bekwaam op lange afstand, met de verwerpelijke gewoonte op Engelse officieren te mikken.
Tiradores boeros, habilísimos en el tiro a distancia con la execrable costumbre de mirar a los oficiales ingleses.

◀ **1900**
Winston Spencer Churchill, the "Morning Post" correspondent in South Africa.
Winston Spencer Churchill in Südafrika als Korrespondent der "Morning Post".
Winston Spencer Churchill, in Zuid-Afrika als correspondent van de "Morning Post".
Winston Spencer Churchill, en Sudáfrica como corresponsal del "Morning Post".

▶ **1900**
The 25 pound reward placed on the capture of Churchill who had escaped from a Boer camp in Pretoria.
Das Kopfgeld von 25 Pfund auf Churchill, der aus dem burischen Lager von Pretoria geflohen war.
De beloning van 25 sterling voor het gevangennemen van Churchill, die uit het kamp van de Boeren in Pretoria gevlucht was.
La recompensa de 25 esterlinas por la captura de Churchill, escapado del campo boero de Pretoria.

1900
Arthur Conan Doyle, future creator of "Sherlock Holmes", served as a doctor in the British ranks and wrote a book about the war.
Arthur Conan Doyle, der zukünftige Autor von "Sherlock Holmes", hat nach seinem Dienst als Arzt in den Reihen der Engländer ein Buch über den Krieg geschrieben.
Arthur Conan Doyle, de toekomstige schrijver van "Sherlock Holmes", schreef een boek over de oorlog nadat hij als arts in de Engelse gelederen dienst verleend had.
Arthur Conan Doyle, el futuro autor de "Sherlock Holmes", escribió un libro sobre la guerra después de haber prestado servicio como médico en las filas inglesas.

◀
An assault by British troops.
Englische Truppen beim Angriff.
Engelse troepen in de aanval.
Tropas inglesas al asalto.

▶ 1900
Boer rebels. Their guerrilla tactics often made the large units of British troops ineffective.
Burische Rebellen. Die Guerilla-Taktiken machten die großen Gruppierungen der britischen Truppen oft wirkungslos.
Boerenrebellen. De guerrillatactieken maakten de typische grote groepen van de Engelse troepen vaak ondoeltreffend.
Rebeldes boeros. Las tácticas de guerrilla a menudo hicieron ineficaz las típicas grandes agrupaciones de tropas británicas.

The Spanish-American War
Spanisch-Amerikanischer Kriege
De Spaans-Amerikaanse oorlog
Guerra hispano-americana
1898

The wreck of the Vizcaya. In the naval battle of Santiago on 3rd July 1898, the antiquated Spanish fleet was quite literally destroyed by the Americans.
Das Wrack der Vizcaya. In der Seeschlacht von Santiago am 3. Juli 1898 wurde die veraltete spanische Flotte von den Amerikanern regelrecht zerstört.
Het wrak van de Vizcaya. In de zeeslag van Santiago, op 3 juli 1898, werd de verouderde Spaanse vloot door de Amerikanen letterlijk verwoest.
El relicto de Vizcaya. En la batalla naval de Santiago, el 3 de julio de 1898, la antigua flota española fue destruida literalmente por los americanos.

46

1898
American sailors on board the Spanish battleship Vizcaya.
Amerikanische Matrosen an Bord des spanischen Panzerkreuzers Vizcaya.
Amerikaanse matrozen aan boord van het Spaanse pantserschip Vizcaya.
Marineros americanos a bordo del buque acorazado español Vizcaya.

1899
American troops in Manila Bay, Philippines.
Amerikanische Truppen in Manila Bay, Philippinen.
Amerikaanse troepen in Manila Bay, Filippijnen.
Tropas americanas en Manila Bay, Filipinas.

◄ **1905**
William Randolph Hearst, editor and magnate, was accused of supporting the war in order to sell more copies of his newspapers.
William Randolph Hearst, ein Verleger-Magnat, wurde beschuldigt, den Krieg gefördert zu haben, um mehr Kopien seiner Zeitungen zu verkaufen.
William Randolph Hearst, uitgever en magnaat, werd ervan beschuldigd de oorlog gesteund te hebben om meer kranten te verkopen.
William Randolph Hearst, editor y magnate, fue acusado de haber apoyado la guerra por vender muchas copias de sus periódicos.

► **1898**
Theodore Roosevelt and Richard Harding Davis, the correspondent whose articles furthered the future President's career.
Theodore Roosevelt und Richard Harding Davis, der Korrespondent, dessen Artikel der Karriere des zukünftigen Präsidenten förderlich waren.
Theodore Roosevelt en Richard Harding Davis, de correspondent wiens artikelen de carrière van de toekomstige president hielpen.
Theodore Roosevelt y Richard Harding Davis, el corresponsal cuyos artículos ayudaron la carrera del futuro presidente.

1898
The taking of San Juan Hill.
Die Einnahme von San Juan Hill.
De inname van San Juan Hill.
La toma de San Juan Hill.

Russo-Japanese War
Russisch-Japanischer Krieg
De Russisch-Japanse oorlog
Guerra ruso-japonesa
1904 - 1905

Port Arthur, 1904. No western power had ever taken the strength and determination of the Japanese Army seriously. At the dawning of the modern era, the Russians, in one of the bloodiest and most photographed wars ever, were the first to pay the price.

Port Arthur, 1904. Keine der Westmächte hatte die militärische Stärke und die Entschlossenheit der Japaner ernsthaft in Betracht gezogen. Die ersten, die dafür bezahlen mussten, waren die Russen in einem der blutigsten und meistfotografiertesten Kriege zu Beginn der Modernen Zeit.

Port Arthur, 1904. Geen enkele Westerse mogendheid had serieus rekening gehouden met de militaire kracht en vastbeslotenheid van de Japanners. De Russen zouden daar als eerste het slachtoffer van geworden zijn, in een van de bloedigste en meest gefotografeerde oorlogen aan de vooravond van de moderne tijd.

Port Arthur, 1904. Ninguna potencia occidental había considerado seriamente la fuerza militar y la determinación de los japoneses. Los rusos fueron los primeros que sufrieron las consecuencias de una de las más sangrientas y fotografiadas guerras del alba de la era moderna.

Robert Lee Dunn, 1904
Japanese soldiers shortly after they had come ashore in Korea.
Japanische Soldaten, die gerade in Korea an Land gegangen sind.
Japanse soldaten die net in Korea geland zijn.
Soldados japoneses apenas desembarcados en Corea.

1905
A Russian Infantry division in Mukden. Rifles and bayonets: the Russian army still adopted Napoleonic tactics.
Eine Abteilung der russischen Infanterie in Mukden. Gewehre und Bajonette: die russische Militärtaktik orientierte sich noch am Modell Napoleons.
Een Russische infanterieafdeling in Mukden. Geweren en bajonetten: de Russische militaire tactiek volgde nog steeds het napoleontische model.
Una división de infantería rusa en Mukden. Fusiles y bayonetas: la táctica militar rusa aún seguía el modelo napoleónico.

1904
Lorenzo D'Adda, the Italian war correspondent for Milan based newspaper "Il Secolo" and London based "The Graphic", in a Japanese trench.
Lorenzo D'Adda, ein italienischer Kriegskorrespondent für "Il Secolo" von Mailand und "The Graphic" von London, in einem japanischen Schützengraben.
Lorenzo D'Adda, Italiaan, oorlogscorrespondent voor "Il Secolo" van Milaan en "The Graphic" van Londen, in een Japanse loopgraaf.
Lorenzo D'Adda, italiano, corresponsal de guerra para "Il Secolo" de Milán y "The Graphic" de Londres, en una trinchera japonesa.

Lorenzo D'Adda, 1904
Japanese soldiers with a single wooden mortar in a forward trench, Port Arthur.
Japanische Soldaten mit einem einzigartigen Granatwerfer aus Holz in einem vorgeschobenen Schützengraben, Port Arthur.
Japanse soldaten met een enkele houten mortier in een vooruit geschoven loopgraaf, Port Arthur.
Soldados japoneses con un mortero particular de madera en una trinchera avanzada, Port Arthur.

Lorenzo D'Adda, 1904
The front line in Port Arthur.
In vorderster Linie in Port Arthur.
In de eerste linies in Port Arthur.
En primera línea en Port Arthur.

Lorenzo D'Adda, 1905

The bodies of Japanese soldiers. Many units sacrificed themselves in suicide attacks that led to the deaths of thousands of soldiers in a matter of days.

Leichname japanischer Soldaten. Viele Abteilungen opferten sich in Selbstmordattacken, die innerhalb weniger Tage Zehntausenden von Soldaten den Tod brachten.

Lijken van Japanse soldaten. Vele afdelingen offerden zich op in zelfmoordaanvallen die in enkele dagen de dood van tienduizenden soldaten tot gevolg hadden.

Cadáveres de soldados japoneses. Muchas divisiones se inmolaron en ataques suicidas que provocaron la muerte de decenas de miles de soldados en pocos días.

◀ ▼ **Lorenzo D'Adda, 1904**
Japanese assault on a Russian position. Japanese soldiers can be glimpsed amidst the smoke.
Japanischer Angriff auf einen russischen Posten. Im Rauch sind die japanischen Soldaten zu erkennen.
Japanse aanval op een Russische stelling. In de rook zijn Japanse soldaten te zien.
Asalto japonés a una posición rusa. En el humo se entreveían los soldados nipones.

Lorenzo D'Adda tried to document the war in action, immortalizing not only the mud-filled trenches or scattered cannon balls as Fenton had done in Crimea. His unpublished photographs depict assaults and bombardments, albeit in the distance.

Lorenzo D'Adda versuchte auch den Krieg in Bewegung zu dokumentieren und verewigte nicht nur die Schützengräben voller Erde oder die Felder voller Kanonenkugeln wie es Fenton im Krimkrieg getan hatte. In seinen unveröffentlichten Fotos sind, wenn auch aus der Ferne, Angriffe und Bombardements zu sehen.

Lorenzo D'Adda probeerde ook de oorlog in beweging te fotograferen door niet alleen de loopgraven vol aarde of de vlaktes met kanonskogels te fotograferen, zoals Fenton in de Krimoorlog gedaan had. Zijn niet gepubliceerde foto's tonen aanvallen, ofschoon in de verte, en bombardementen.

Lorenzo D'Adda trató de documentar también la guerra en movimiento, inmortalizando no sólo las trincheras llenas de tierra o las extensiones de balas de cañón como Fenton había hecho en Crimea. En sus fotos inéditas hay asaltos, incluso de lejos, y bombardeos.

Lorenzo D'Adda, 1904
View from a Japanese position.
Aussicht von den japanischen Posten.
Uitzicht vanaf de Japanse stellingen.
Vista de las posiciones japonesas.

The Italo-Turkish War
Libyscher Krieg
De Libische oorlog
Guerra de Libia
1911-1912

The war in Libya lasted more than a year despite the fact that the persistent hammering it received from the press had convinced the public that it would be a military walk-over that would take no more than three months. Skirmishes with Libyan rebels continued long after the end of hostilities and the signing of the peace treaty with Turkey.

Der libysche Krieg dauerte über ein Jahr, obwohl eine beharrliche Pressekampagne das Land überzeugt hatte, dass es sich nur um einen "militärischen Spaziergang von maximal drei Monaten" handeln würde. Die Zusammenstöße mit den libyschen Rebellen gingen auch nach Beendung der Feindseligkeiten und dem Friedensvertrag mit der Türkei noch lange weiter.

De Libische oorlog duurde langer dan een jaar, ondanks dat een martelende perscampagne het land ervan overtuigd had dat het een "militaire wandeling van niet meer dan drie maanden" zou zijn. De gevechten met de Libische rebellen gingen nog lang door, ook nadat de vijandelijkheden beëindigd waren en de vredesovereenkomst met Turkije afgesloten was.

La guerra de Libia duró más de un año a pesar de que una insistente campaña de prensa había convencido al país que iba a ser un "paseo militar con una duración de no más de tres meses". Los choques con los rebeldes libios duraron mucho, incluso después de haber terminado las hostilidades y el tratado de paz con Turquía.

1911
Italian soldiers with flags captured from the Turks.
Italienische Soldaten mit Fahnen, die sie den Türken abgenommen hatten.
Italiaanse soldaten met van de Turken afgenomen vlaggen.
Soldados italianos con banderas capturadas a los turcos.

1912
Libyan rebels killed by the Italians.
Von den Italienern getötete libysche Rebellen.
Door Italianen vermoorde Libische rebellen.
Rebeldes libios matados por los italianos.

1912
For the first time, as seen in this period postcard that was probably a photo-montage, the Italians used airplanes and dirigibles to drop bombs.
Die Italiener benutzen zum ersten Mal Flugzeuge und Luftschiffe zum Bombardement wie diese wahrscheinlich durch eine Fotomontage erstellte, antike Postkarte zeigt.
De Italianen gebruikten voor de eerste keer vliegtuigen en luchtballonnen voor de bombardementen, zoals deze ansichtkaart uit die tijd toont, die waarschijnlijk met een fotomontage gemaakt is.
Los italianos utilizaron por primera vez aviones y dirigibles para los bombardeos como muestra esta postal de época, realizada con un probable fotomontaje.

1912
Two Italian dirigibles in a hangar.
Zwei italienische Heißluftballons in einem Hangar.
Twee Italiaanse luchtschepen in een hangar.
Dos globos aerostáticos italianos alojados en un hangar.

THE FIRST WORLD WAR

It was mass slaughter that took centre stage in the trenches in Somme and Verdun There was no need to pretend or deceive when it came to death and the horrific end those faceless young men endured.

Machine guns, barbed wired and gas revolutionized that war. It was a static affair, a terrifying carnage – an extreme or indeed a "great" war.

The war machines used on land and in the air provided new subjects to photograph and show the reality of battle. Now the stories of battles became more vivid and acquired an ever-larger audience.

Journalists and photographers, by this stage enlisted and in uniform, ended up in the trenches and, censorship permitting, told the story of what was happening practically in real time. And in those holes on the front line, there were people, unknown entities at the time, who achieved immortality in the history books of that century. Ernest Hemmingway, volunteer nurse and legendary front-line journalist of the future and an Austrian corporal with a passion for painting called Adolf Hitler.

DER ERSTE WELTKRIEG

In den Schützengräben an der Somme und bei Verdun kommt es zum Massaker. Das grauenhafte Schicksal und der Tod des einfachen Fußsoldaten brauchte jetzt nicht mehr beschönigt zu werden.

Die den Krieg revolutionierenden Waffen waren das Maschinengewehr, der Stacheldraht und das Giftgas.

Der Krieg war ein festgefahrenes und entsetzliches Blutbad, ein „Großer" Krieg.

Die den Bodentruppen und der Luftwaffe zur Verfügung stehenden Kriegsmaschinen bieten neue Motive, die es zu fotografieren gilt. Sie erzählen von den Schlachten und verleihen der Nachricht mithilfe von neuer Grafik und immer weiter verbreiteten Massenmedien außerordentlichen Nachdruck.

Die mittlerweile in Uniform steckenden Journalisten und Fotografen fanden sich in den Schützengräben wieder und erzählten, vorausgesetzt, dass die Zensur es erlaubte, zeitnah von den Ereignissen. In jenen, an der Front ausgebuddelten Erdlöchern hockten, noch unbekannt, zwei Menschen, die dem Jahrhundert im Guten wie im Schlechten in Erinnerung bleiben sollten: Auf der einen Seite war Ernest Hemingway, der vom freiwilligen Sanitäter zum Mythos der Journalisten an der Front aufsteigen sollte und auf der anderen ein österreichischer Gefreiter mit der Leidenschaft für Landschaftsmalerei namens Adolf Hitler.

DE EERSTE WERELDOORLOG

In de loopgraven van de Somme en Verdun kwam het bloedbad in de schijnwerpers te staan. Het was niet nodig te doen alsof en vals te spelen voor de dood en het vreselijke lot van de infanteriesoldaten.

De wapens die in de oorlog een ware revolutie vormden, waren de mitrailleur, het prikkeldraad en het gas. Het conflict was een statische en verschrikkelijke slachtpartij, een grote oorlog inderdaad.

De oorlogsmachines op de grond en in de lucht verstrekten nieuwe onderwerpen om te fotograferen en over de strijd te vertellen en er werd een nieuwe grafische vorm gegeven aan nieuws dat steeds weidser verspreid werd.

Journalisten en fotografen, die nu gerekruteerd en in uniform gestoken waren, werkten in de loopgraven en vertelden de gebeurtenissen, als de censuur het toeliet, bijna in real time. En in de mangaten van de eerste linies vinden we personages, die dan nog onbekend zijn, maar die goed of kwaad voor altijd bij die eeuw zullen horen: van Ernest Hemingway, vrijwillig verpleger en toekomstige mythe van de journalisten aan het front, tot een Oostenrijkse korporaal met de passie voor schilderen, die Adolf Hitler heette.

LA PRIMERA GUERRA MUNDIAL

En las trincheras del Somme y Verdún se vio la masacre que entró en la escena. No hubo más necesidad de fingir y engañar sobre la muerte y sobre el destino horrible de la infantería.

Las armas que revolucionaron la guerra fueron la ametralladora, el alambre de púas y el gas. El conflicto fue una estática y terrorífica matanza, una gran guerra ciertamente.

Las máquinas bélicas en la tierra y en el cielo proporcionaron nuevas ideas para fotografiar y relatar batallas y dar cuerpo a las noticias publicadas con las nuevas gráficas y siempre de mayor difusión.

Los periodistas y los fotógrafos, ya alistados y uniformados, terminaron en la trinchera y relataron los eventos, considerando la censura, casi en tiempo real. Y en las fosas de las primeras líneas del frente, todavía desconocidas, encontramos personajes que el siglo no habría nunca olvidado en el bien y en el mal: desde Ernest Hemingway, enfermero voluntario y futuro mito de los periodistas en el frente, hasta un cabo austriaco con la pasión por la pintura llamado Adolf Hitler.

Reporters on the front line
Reporter in vorderster Linie
Reporters in de eerste linies
Reportero en primera línea

Front line reporters have had to deal with military censorship since WW I. Many of them were "militarized" and instead of acting as observers, they became instruments of the war machine and propaganda.

Ab dem ersten Weltkrieg hatten die Journalisten an der Front mit der Zensur des Militärs zu kämpfen. Viele von ihnen wurden "militarisiert" und wurden von Beobachtern zu Instrumenten der Kriegsmaschine und der Propaganda.

Vanaf de eerste wereldoorlog moesten de journalisten aan het front rekening beginnen te houden met militaire censuur. Velen werden "gemilitariseerd". Hun rol van waarnemer werd een instrument van de oorlogsmachine en van de propaganda.

Desde el primer conflicto mundial, los periodistas en el frente comenzaron a considerar la censura militar. Muchos de ellos fueron "militarizados" y de observadores pasaron al rol de instrumento de la máquina bélica y de propaganda.

1917
A group of American war correspondents that includes a woman reporter.
Eine Gruppe amerikanischer Kriegskorrespondenten, darunter eine Journalistin.
Een groep Amerikaanse oorlogscorrespondenten, waaronder een journaliste.
Un grupo de corresponsales de guerra americanos, entre ellos una periodista.

1917
From "Le Miroir": even dogs wore gas masks.
Im "Miroir" tragen auch die Hunde Gasmasken.
In "Le Miroir" dragen ook de honden een gasmasker.
En "Le Miroir" también los perros llevaban la máscara antigas.

1918
Ernest Hemingway on the Italian front line. He was a volunteer nurse, and his war experiences inspired one of his first novels, "A Farewell to Arms".
Ernest Hemingway an der italienischen Front; er war freiwilliger Krankenpfleger und der Krieg inspirierte ihn zu einem seiner ersten Romane: "Abschied von den Waffen".
Ernest Hemingway was vrijwillig verpleger aan het Italiaanse front en de oorlog vormde de inspiratiebron voor "Afscheid van de wapenen", een van zijn eerste romans.
Ernest Hemingway en el frente italiano, fue enfermero voluntario y la guerra inspirará "Adiós a las armas", una de sus primeras novelas.

▲
Philip Gibbs, whose war reports earned him a knighthood.
Philip Gibbs wird für seine Verdienste als Kriegskorrespondent zum Sir ernannt.
Philip Gibbs zal voor zijn oorlogscorrespondentie tot ridder geslagen worden.
Philip Gibbs, será nombrado caballero por sus correspondencias de guerra.

▲ **1918**
Floyd P. Gibbon, a famous American war reporter for the "Chicago Tribune", who was injured on the front line and lost an eye.
Floyd P. Gibbon, berühmter amerikanischer Kriegskorrespondent der "Chicago Tribune", der an der Front verwundet wurde und ein Auge verlor.
Floyd P. Gibbon, beroemde Amerikaanse oorlogscorrespondent van de "Chicago Tribune", raakte gewond aan het front en moest een oog missen.
Floyd P. Gibbon, célebre corresponsal de guerra americano del "Chicago Tribune", herido en el frente, perdió un ojo.

Richard Harding Davis, America's most famous war correspondent, looking for a scoop on allied front lines, ended up being made prisoner by a unit of German assault troops. He was saved, by miracle, by an allied counter-attack.

Richard Harding Davis, der berühmteste amerikanische Kriegskorrespondent, wurde auf der Suche nach einem Scoop in den vordersten Linien der Alliierten von einer deutschen Sturmtruppe gefangen genommen. Durch einen Gegenangriff der Alliierten wurde er wie durch ein Wunder gerettet.

Richard Harding Davis, de beroemdste Amerikaanse oorlogscorrespondent, op zoek naar een scoop in de eerste geallieerde linies, eindigde als gevangene van Duitse aanvalstroepen. Hij werd op miraculeuze wijze door een geallieerde tegenaanval gered.

Richard Harding Davis, el más célebre corresponsal de guerra americano a la búsqueda de un scoop en las primeras líneas aliadas terminó siendo prisionero de una unidad de tropas de asalto alemana. Fue milagrosamente salvado por un contraataque aliado.

Richard Harding Davis, an American war correspondent.
Richard Harding Davis, amerikanischer Kriegskorrespondent.
Richard Harding Davis, Amerikaanse oorlogscorrespondent.
Richard Harding Davis, corresponsal de guerra americano.

RICHARD HARDING DAVIS, WAR CORRESPONDENT in 1998

RICHARD HARDING DAVIS AT VERDUN IN 1915

An American war reporter heading for the German front lines by car.
Amerikanischer Kriegskorrespondent in einem Auto auf dem Weg zu den vordersten Linien der Deutschen.
Amerikaanse oorlogscorrespondent in een auto achter de eerste Duitse linies.
Corresponsal de guerra americano en un coche directo hacia las primeras líneas alemanas.

War reporters on the front line.
Kriegskorrespondenten in vorderster Linie.
Oorlogscorrespondenten in de eerste linies.
Corresponsales de guerra en primera línea.

1918
Charles à Court Repington, a British Army officer and war correspondent for the "Morning Post". He was accused of disclosing secret information to the enemy.
Charles à Court Repington, englischer Offizier und Kriegskorrespondent der "Morning Post". Er wurde beschuldigt, geheime Informationen an den Feind übermittelt zu haben.
Charles à Court Repington, Engels officier en oorlogscorrespondent van de "Morning Post". Hij werd ervan beschuldigd vertrouwelijke informatie aan de vijand te hebben doorgegeven.
Charles à Court Repington, oficial inglés y corresponsal de guerra del "Morning Post". Fue acusado de haber revelado informaciones reservadas al enemigo.

1916
A French cameraman filming a wounded Scottish soldier.
Ein französischer Kameramann filmt einen verletzten schottischen Soldaten.
Een Franse filmoperateur filmt een gewonde Schotse soldaat.
Un cineoperador francés filma a un soldado escocés herido.

1915
A church service aboard a British ship before the battle in the Dardanelles, "The War Illustrated".
Meerenge der Dardanellen, Gottesdienst auf einem englischen Schiff vor der Schlacht, "The War Illustrated".
De Dardanellen, een religieuze dienst op een Engels schip voor de strijd, "The War Illustrated".
Estrecho de los Dardanelos, servicio religioso en un barco inglés antes de la batalla, "The War Illustrated".

1915
Palestine, the Battle of Katiah
Palästina, die Schlacht von Katiah.
Palestina, de slag bij Katiah.
Palestina, la batalla de Katiah.

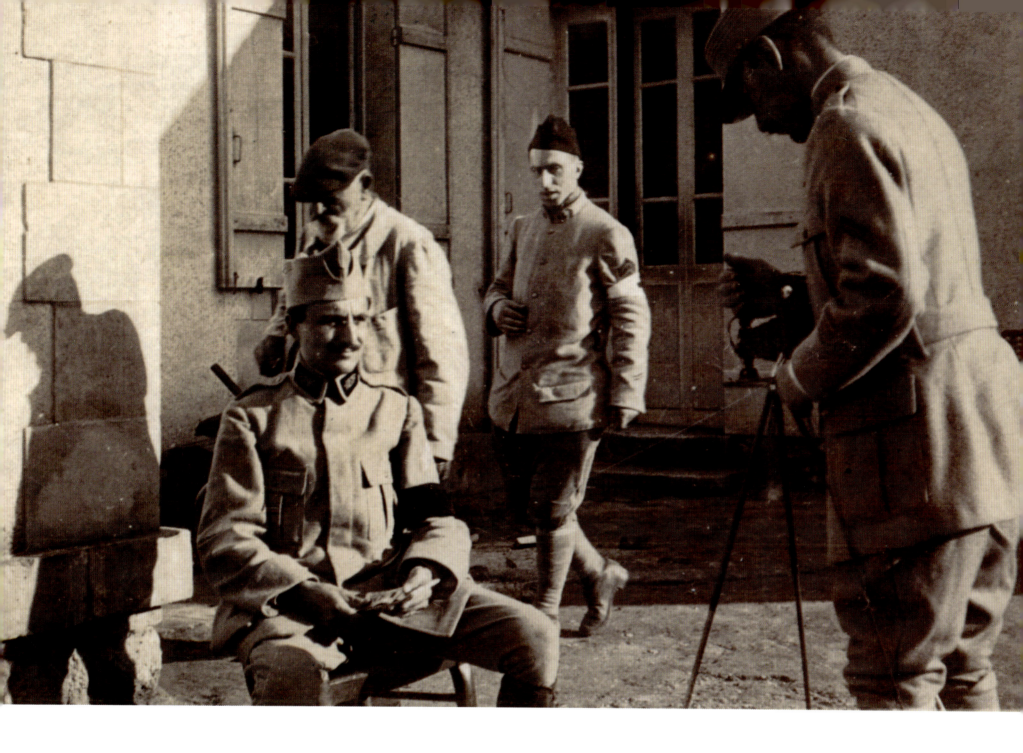

The Western Front: a souvenir photo for a French soldier taken before the battle.
Westfront, Erinnerungsfoto für einen französischen Offizier vor der Schlacht.
Het Westfront, herinneringsfoto voor een Frans officier voordat de strijd begint.
Frente occidental, foto recuerdo para un oficial francés antes de la batalla.

The great massacre in the press
Das große Massaker in den Zeitungen
De grote slachting gaat ter perse
El gran masacre va a la prensa

1914
From "The War Illustrated", following the flag into battle. Soon, the war was fought in the mud in the trenches.
Aus der Zeitung "The War Illustrated", beim Angriff mit Fahne. Bald darauf wurde der Krieg im Schlamm der Schützengräben fortgesetzt.
In de krant "The War Illustrated" ten aanval met de vlag. De oorlog zal spoedig voortgezet worden in de modder van de loopgraven.
En el periódico "The War Illustrated", al asalto con la bandera. En poco tiempo la guerra continuaría en el barro de las trincheras.

On the eve of the war, when General Adolphe Messimy suggested that front-line troops should wear less visible uniforms, he was attacked by many newspapers who accused him of wanting to dress French soldiers in "muddy and inglorious" colours.

Als der General Adolphe Messimy kurz vor Ausbruch des Krieges vorschlug, die Truppen an der Front sollten weniger auffällige Uniformen mit weniger leuchtenden Farben tragen, um vom Feind nicht so leicht gesehen werden zu können, wurde er von vielen Zeitungen angegriffen; diese beschuldigten ihn, die französischen Soldaten mit "schlammigen und ruhmlosen" Farben bekleiden zu wollen.

Toen generaal Adolphe Messimy aan de vooravond van de oorlog voorstelde om de troepen aan het front minder opvallende uniformen met doffe kleuren te laten dragen, om te voorkomen dat de vijand ze gemakkelijk ziet, werd hij door vele kranten aangevallen die hem ervan beschuldigden de Franse soldaten met "modderachtige, inglorieuze" kleuren te willen kleden.

Cuando en la vigilia de la guerra el general Adolphe Messimy propuso la adopción para las tropas en el frente de uniformes menos vistosos y con colores apagados para evitar ser identificados fácilmente por el enemigo, fue atacado por muchos periodistas que lo acusaron de querer vestir a los soldados franceses con colores "fangosos e ingloriosos".

The Western front: a French trench.
Westfront, französischer Schützengraben.
Het Westerse front, Franse loopgraaf.
Frente occidental, trinchera francesa.

1915
Watching the enemy through a periscope, the French lines at Berry-au-Bac.
Bei der Beobachtung des Feindes durch das Periskop, französische Linien in Berry-au-Bac.
De vijand observeren door de periscoop, Franse linies in Berry-au-Bac.
Observando al enemigo con el periscopio, líneas francesas en Berry-au-Bac.

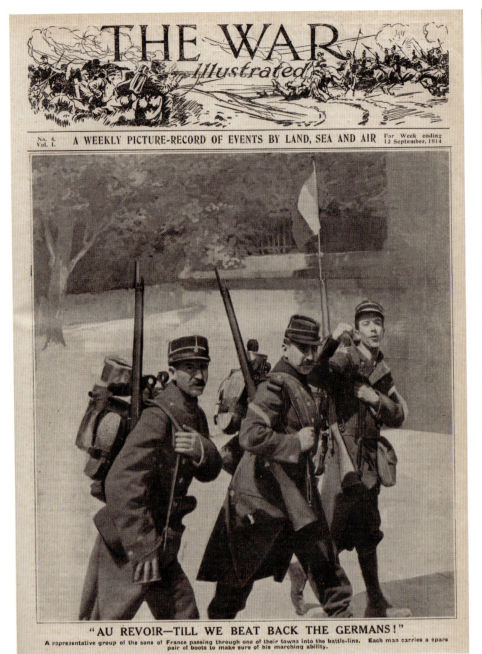

▲ 1914
"Saying good-bye after defeating the Germans": French optimism as portrayed by "The War Illustrated".
"Auf Wiedersehen nach der Niederlage der Deutschen", französischer Optimismus in "The War Illustrated".
"Tot ziens na de nederlaag van de Duitsers", Frans optimisme in "The War Illustrated".
"Adiós después de la derrota de los alemanes", optimismo francés en "The War Illustrated".

▲ 1915
"Searching through the village abandoned by the enemy", from "The War Illustrated".
"Bei der Erkundung des vom Feind verlassenen Dorfes", in "The War Illustrated".
"Op verkenning in het door de vijand verlaten dorp", in "The War Illustrated".
"Batida en la aldea abandonada por el enemigo", en "The War Illustrated".

◀ **1914**
A soldier using the body of a dead companion as a shield.
Ein Soldat schützt sich mit dem Körper eines toten Kameraden.
Een soldaat beschermt zichzelf met het lichaam van een vermoorde compagnon.
Un soldado se protege con el cuerpo del compañero muerto.

◀ **1914**
A French soldier advances towards the enemy.
Französischer Soldat, der sich dem Feind nähert.
Franse soldaat treedt de vijand tegemoet.
Soldado francés avanza hacia el enemigo.

90

1914
The Germans enter Brussels.
Die Deutschen ziehen in Brüssel ein.
De Duitsers komen Brussels binnen.
Los alemanes entran en Bruselas.

◄ 1917
Taking a break in a British trench at night.
Nächtliche Pause in einem englischen Schützengraben.
Nachtelijke pauze in een Engelse loopgraaf.
Pausa nocturna en una trinchera inglesa.

► 1916
The Italian front: digging in with the infantry.
Italienische Front, im Schützengraben mit den Soldaten der Infanterie.
Italiaans front, in de loopgraaf met de infanteristen.
Frente italiano, en trinchera con los soldados de infantería.

◀ 1917
The Western front: an anti-aircraft gun in action.
Westfront, die Flugabwehr im Einsatz.
Het Westfront, luchtafweer in actie.
Frente occidental, una contraaérea en acción.

▶ 1916
Rations for a British soldier on the front line.
Das Essen eines englischen Soldaten in vorderster Linie.
Het rantsoen van een Engelse soldaat in de eerste linie.
El rancho en primera línea de un soldado inglés.

▶ 1917
British infantrymen ready for yet another bayonet charge.
Englische Infanterie, bereit für einen weiteren der vielen Angriffe mit dem Bajonett.
Engelse infanterie gereed voor de zoveelste bajonetaanval.
Infantería inglesa lista para el enésimo asalto con la bayoneta.

1915
Throwing a grenade from a German trench.
Wurf von Granaten aus einem deutschen Schützengraben.
Granaten gooien vanuit een Duitse loopgraaf.
Lanzamiento de granadas desde una trinchera alemana.

1915
French Zouaves (infantrymen) killed by gas. The second battle of Ypres, Belgium.
Durch Gas getötete französische Zuaven. Zweite Schlacht von Ypres, Belgien.
Franse zouaven vermoord door het gas. Tweede slag om Ieper, België.
Zuavos franceses matados por el gas. Segunda batalla de Ypres, Bélgica.

1915
"Just like a gargoyle": French soldiers wearing gas masks, from "The War Illustrated"
"Wie Gargoyle", französische Soldaten mit Gasmaske, "The War Illustrated".
"Als Gargoyle", Franse soldaten met gasmasker, "The War Illustrated".
"Como Gargoyle", soldados franceses con la máscara antigas, "The War Illustrated".

1915
French artillery in action during the Battle of Champagne, from "The War Illustrated".
Schlacht von Champagne, französische Artillerie, "The War Illustrated".
Slag van Champagne, Franse artillerie, "The War Illustrated".
Batalla de Champagne, artillería francesa, "The War Illustrated".

1916
French soldiers charging, from "The War Illustrated".
Französische Soldaten beim Angriff, "The War Illustrated".
Franse soldaten ten aanval, "The War Illustrated".
Soldados franceses al asalto, "The War Illustrated".

"A company from the 152nd ran off and other regiments also took to their heels. If it goes on like this the war will end... taking part in an assault on the Craonne uplands is no fun... It's not just a war anymore, it's a massacre (...)". Letter from a French soldier dated 25th May 1917.

"Beim 152. hat sich eine Kompanie davon gemacht und auch andere Regimente haben die Flucht ergriffen. Wenn es so weiter geht, endet der Krieg bald: Es ist kein Vergnügen, die Hochebene von Craonne zu stürmen... Das ist kein Krieg mehr, sondern ein Massaker (...)". Brief eines französischen Soldaten, 25. Mai 1917.

"Op 152° is een compagnie ervan door gegaan en ook andere regimenten hebben de knoop doorgehakt. Als het zo verdergaat, zal de oorlog aflopen: het is niet leuk om ten aanval te gaan op de hoogvlakte van Craonne... Dat is geen oorlog meer, dat is een slachting (...)". Brief van een Franse soldaat, 25 mei 1917.

"Al 152° una compañía logró escapar y también otros regimientos se escabulleron. Si la guerra continúa así terminará: no es divertido ir al asalto en el altiplano de Craonne... Ya no es una guerra, es una masacre (...)". Carta de un soldado francés, 25 de mayo de 1917.

1915
Joffre, De Castelnau and Pau, three famous French generals. Strategists or butchers?
Joffre, De Castelnau und Pau, drei berühmte französische Generäle. Strategen oder Metzger?
Joffre, De Castelnau en Pau, drie beroemde Franse generaals. Strategen of slagers?
Joffre, De Castelnau y Pau, tres famosos generales franceses. ¿Estrategas o carniceros?

1918
A fallen French soldier.
Gefallener Franzose.
Franse gesneuvelde.
Caído francés.

1916
A German machine gun. Weapons like this were responsible for thousands of deaths when used against the futile frontal assaults with fixed bayonets.
Deutsches Maschinengewehr, solche Waffen töteten Tausende von Soldaten, als sie gegen die nutzlosen Frontalangriffe mit Bajonett eingesetzt wurden.
Duitse mitrailleur, wapens zoals deze veroorzaakten duizenden doden in tegenstelling tot de nutteloze frontale bajonetaanvallen.
Ametralladora alemana, armas como esta causaron miles de muertos, contrapuestos a los inútiles asaltos frontales con la bayoneta.

1915
A camera captures the moment Notre Dame de Lorette is assaulted, from "The War Illustrated".
Notre Dame de Lorette, der Fotoapparat hält den Moment des Angriffs fest, "The War Illustrated".
Notre Dame de Lorette, het fototoestel legt het aanvalsmoment vast, "The War Illustrated".
Notre Dame de Lorette, la máquina fotográfica detiene el momento del asalto, "The War Illustrated".

1916
Verdun: a sentry on guard at Fort de Souville. Hand-coloured front page for "Le Miroir".
Verdun: Wache vor dem Fort de Souville, handgefärbtes Titelblatt, "Le Miroir".
Verdun: schildwacht voor Fort de Souville, met de hand ingekleurde omslag van "Le Miroir".
Verdun: centinela delante de Fort de Souville, tapa pintada a mano, "Le Miroir".

◀ **1917**
Verdun, weapons captured from German storm-troopers.
Verdun, Rüstungen, die den deutschen Sturmtruppen abgenommen wurden.
Verdun, wapenuitrustingen die van de Duitse Sturmtruppen afgenomen zijn.
Verdun, armaduras capturadas en las Sturmtruppen alemanas.

▶ **1915**
On the Italian front the notorious Farina armour, designed specifically to protect the body from barbed wire, proved to be completely useless.
An der italienischen Front erwiesen sich die berüchtigten, für Angriffe von Drahtverhauen konzipierten Farina-Rüstungen als völlig nutzlos.
Aan het Italiaanse front bleken de beruchte pantsers van het type Farina, bedacht voor aanvallen op prikkeldraadversperringen, volledig onnuttig te zijn.
En el frente italiano las malfamadas Corazas Farina, ideadas para asaltos a las alambradas, se revelan completamente inútiles.

▶ **1915**
Artillery bombardment on the Italian front.
Bombardement der Artillerie an der italienischen Front.
Artilleriebombardement op het Italiaanse front.
Bombardeos de artillería en el frente italiano.

▼ **1915**
A soldier killed on the Italian front.
An der italienischen Front getöteter Soldat.
Vermoorde soldaat aan het Italiaanse front.
Soldado matado en el frente italiano.

◄ 1917
Isonzo, the remains of an Italian soldier
Isonzo, die Überreste eines italienischen Soldats.
Isonzo, de stoffelijke resten van een Italiaanse soldaat.
Isonzo, los restos de un soldado italiano.

▲ 1915
Victims of a bombardment on the Russian front.
Russische Front, Opfer eines Bombardements.
Het Russische front, slachtoffers van een bombardement.
Frente ruso, víctimas de un bombardeo.

1917
A German tank attracts the curiosity of a few soldiers.
Ein deutscher Panzer erregt die Neugier der Soldaten.
Een Duitse tankwagen wekt de nieuwsgierigheid van de soldaten.
Un tanque alemán atrae la curiosidad de los soldados.

1918
A British cavalry unit on the Italian front.
Eine an die italienische Front gesandte Abteilung der englischen Kavallerie.
Een Engelse cavalerieafdeling die naar het Italiaanse front gestuurd is.
Una división de caballería inglesa enviada al frente italiano.

On the rear lines
In den Nachschubgebieten
In de verbindingslijnen
En la retaguardia

The heavy losses in the trenches and serious side effects suffered by survivors were never reported in the papers. Entire generations were wiped out on the battlefields whilst the press was bent on concealing the needless slaughter that was going on.

Die vom Schützengrabenkrieg verursachten menschlichen Verluste und schweren von den Überlebenden erlittenen Nebenschäden wurden von den Zeitungen nie veröffnetlicht. Ganze Generationen verschwanden auf den Schlachtfeldern im Nichts, die Presse hingegen war damit beschäftigt das Massaker durch sinnlose Rethorik zu verhüllen.

Het verlies aan mensenlevens en het ernstige bijkomstige letsel dat de overlevenden door de loopgravenoorlog berokkend werd, zou nooit door de kranten in de openbaarheid gebracht worden. Hele generaties sneuvelden op het slagveld maar de pers was bezig om de onnuttige slachting met retorica te bekleden.

Las pérdidas humanas y los graves daños colaterales provocados por la guerra de trinchera a los supervivientes nunca se darían a conocer por los periódicos. Enteras generaciones desaparecieron en la nada sobre los campos de batalla pero la prensa se comprometió a cubrir con retórica el estrago inútil.

A soldier killed in a bombardment on the German rear lines on the Western front.
Westfront, ein bei einem Bombardement umgekommener Soldat in den Nachschubgebieten der deutschen Linien.
Het Westfront, een soldaat is omgekomen door een bombardement op de verbindingslijnen van de Duitse troepen.
Frente occidental, un soldado muerto por un bombardeo en la retaguardia de las líneas alemanas.

▶ 1916
A soldier killed on the Italian frontline.
An der italienischen Front getöteter Soldat.
Omgekomen soldaat aan het Italiaanse front.
Soldado matado en el frente italiano.

▶ 1915
French soldiers blinded by gas at Ypres.
Durch Gas geblendete französische Soldaten in Ypres.
Franse soldaten verblind door het gas in Ieper.
Soldados franceses enceguecidos por el gas en Ypres.

◀ 1915
An Italian sentry on the Austro-Hungarian front.
Italienische Wache an der österreichisch-ungarischen Front.
Italiaanse wacht op het Oostenrijks-Hongaarse front.
Centinela italiano en el frente austro-húngaro.

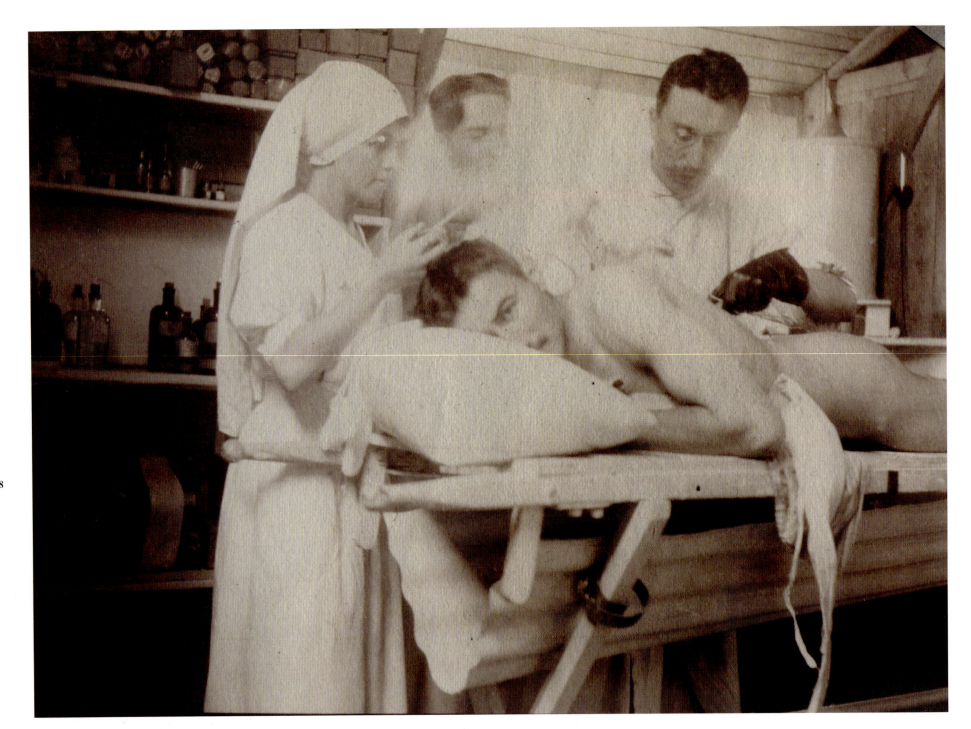

1917
A wounded soldier in an operating room in Couville, France
Verletzter Soldat im Operationssaal von Couville, Frankreich.
Gewonde soldaat in de operatiezaal in Couville, Frankrijk.
Soldado herido en la sala operatoria en Couville, Francia.

1916
Military hospital in Moreuil, France.
Militärkrankenhaus in Moreuil, Frankreich.
Militair ziekenhuis in Moreuil, Frankrijk.
Hospital militar en Moreuil, Francia.

◀ 1914
Austrian nurse with dogs used to find the wounded on the Russian front.
Österreichischer Krankenpfleger mit Hunden auf der Suche nach Verletzten an der russischen Front.
Oostenrijkse verpleger met honden op zoek naar gewonden aan het Russische front.
Enfermero austriaco con los perros que buscan heridos en el frente ruso.

▲ 1915
Transporting Austro-Hungarian wounded on the Eastern front.
Transport österreichisch-ungarischer Verletzter an der Ostfront.
Transport van Oostenrijks-Hongaarse gewonden aan het Oostfront.
Transporte de heridos austro-húngaro en el frente oriental.

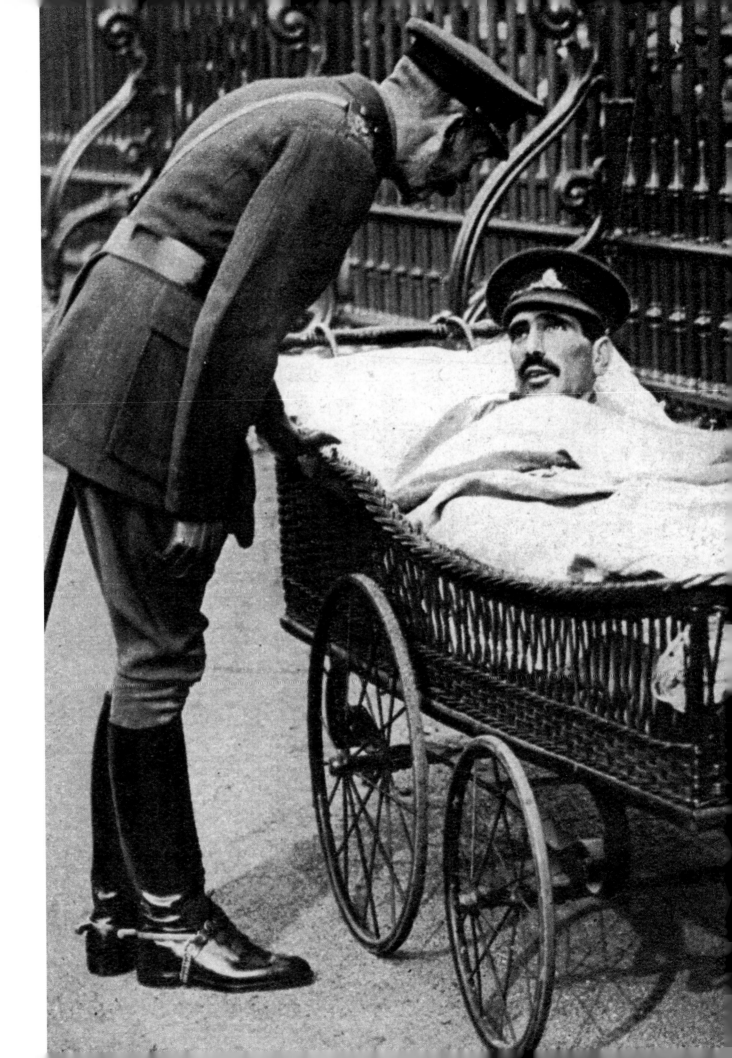

1918
King George V talking to a severely mutilated soldier.
König Georg V. bei einem schwer verstümmelten Soldaten.
Koning Georg V praat met een ernstig verminkte soldaat.
El Rey Jorge V se entretiene con un soldado gravemente mutilado.

1918
German prisoners asleep in an allied holding area after the Battle of Plessis-de-Roye, France.
Deutsche Gefangene beim Schlafen in einer Sammelstelle der Alliierten nach der Schlacht von Plessis-de-Roye, Frankreich.
Duitse gevangenen slapen in een geallieerd verzamelpunt, na de strijd van Plessis-de-Roye, Frankrijk.
Prisioneros alemanes duermen en un punto de encuentro aliado, después de la batalla de Plessis-de-Roye, Francia.

1918
American cannon in action during the Argonne offensive.
Amerikanische Kanone im Einsatz während des Angriffs der Argonnen.
Amerikaans kanon in actie tijdens het offensief van de Argonne.
Cañón americano en acción durante la ofensiva de Argonne.

▶ **1914**
German artillery in Antwerp.
Deutsche Artillerie in Antwerpen.
Duitse artillerie in Antwerpen.
Artillería alemana en Amberes.

▼ **1915**
Fort Maubeuge, an armoured turret pieced by German shells.
Fort Maubeuge, ein gepanzerter Turm, durchlöchert von deutschen Kanonenschüssen.
Fort Maubeuge, gepantserd torentje dat door de Duitse kanonnen doorboord is.
Fort Maubeuge, torre acorazada perforada por los cañonazos alemanes.

◀ **1918**
A German soldier in an obvious state of shock being taken prisoner following a bombardment.
Ein offensichtlich unter Schock stehender deutscher Soldat wird nach einem Bombardement gefangen genommen.
Een Duitse soldaat die duidelijk in een shocktoestand verkeert, is na een bombardement gevangen genomen.
Un soldado alemán en evidente estado de shock como prisionero después de un bombardeo.

▶ **1917**
France, the sad return of civilians to their homes after the German retreat.
Frankreich, die traurige Heimkehr der Zivilbevölkerung nach dem Rückzug der Deutschen.
Frankrijk, de trieste terugkeer van de burgers naar huis, nadat de Duitsers zich hebben teruggetrokken.
Francia, el triste retorno a casa de los civiles después de la retirada alemana.

◀ 1917

A German dog taken prisoner by the French and now "working" for the enemy.

Ein von den Franzosen gefangen genommener deutscher Hund "bei der Arbeit" für den Feind.

Een Duitse hond, die door de Fransen gevangengenomen is, "aan het werk" voor de vijand.

Un perro alemán, hecho prisionero por los franceses, "al trabajo" para el enemigo.

▲ 1914

A bit of music helps some Austrian soldiers forget the horrors of war.

Österreichische Soldaten, ein bisschen Musik, um die Schrecken des Krieges zu vergessen.

Oostenrijkse soldaten, een beetje muziek om de verschrikkingen van de oorlog te vergeten.

Soldados austriacos, un poco de música para olvidar el horror de la guerra.

News from the front
Nachrichten von der Front
Nieuws van het front
Noticias del frente

Childhood denied and children at war, a special edition of "The War Illustrated" portrays with pride the very young soldiers being sent to fight. What would be viewed with horror today was considered to be a hugely patriotic gesture in 1915.

Die verlorene Kindheit der Kriegskinder, ein Spezialbericht in "The War Illustrated" zeigt mit Stolz extrem junge Soldaten aller Heere, die in die Schlacht geschickt wurden. Was heute als ein Horror betrachtet würde, wurde 1915 als eine Geste großer Vaterlandsliebe angesehen.

Ontzegde kindertijd en kinderen in de oorlog, Een speciale bijlage van "The War Illustrated" toont met trots hele jonge soldaten van alle legers die naar het slagveld werden gestuurd. Dat wat vandaag verschrikkelijke genoemd wordt, werd in 1915 als een groots gebaar van patriottisme beschouwd.

Infancia negada y niños en la guerra, un especial de "The War Illustrated" muestra con orgullo soldados muy jóvenes de todos los ejércitos enviados a la batalla. Lo que hoy se vería como un horror, en 1915 era considerado como un gesto de gran patriotismo.

1915
Gunther Paulas, the youngest ever recipient of the German military's Iron Cross.
Gunther Paulas, der jüngste mit einem Orden ausgezeichnete Soldat mit dem Eisenkreuz der deutschen Armee.
Gunther Paulas, de jongste soldaat die met het IJzeren Kruis van het Duitse leger gedecoreerd werd.
Gunther Paulas, el más joven decorado con la Cruz de Hierro del ejército alemán.

▲ **1915**
Otto Stephen, aged 13, on the front line with the Belgian army.
Otto Stephen, 13 Jahre, in vorderster Linie mit dem belgischen Heer.
Otto Stephen, 13 jaar, in de eerste linies met het Belgische leger.
Otto Stephen, 13 años, en primera línea con el ejército belga.

▲ **1915**
Bugler Quinn, the 14 year-old English boy who volunteered for the front many times.
Bugler Quin, 14-jähriger Engländer, der mehrmals als Freiwilliger in vorderster Linie kämpfte.
Bugler Quin, Engels, 14 jaar, meermalen vrijwillig in de eerste linies.
Bugler Quin, inglés de 14 años, varias veces voluntario en primera línea.

◀◀ 1915
Aged only 14, this German soldier is fighting for the motherland.
Ein deutscher Soldat von nur 14 Jahren kämpft für das Vaterland.
Een Duits soldaat van slechts 14 jaar vecht voor zijn moederland.
Un soldado alemán de sólo 14 años combate por la Madre Patria.

◀ 1915
A young French Boy Scout ready for active service.
Ein junger Franzose, Pfadfinder, bereit für den aktiven Dienst.
Een jonge Fransman van de boyscouts staat gereed om actief dienst te nemen.
Un joven francés de los Boy Scout, listo para el servicio activo.

On Christmas Eve 1914, German and British soldiers stopped fighting, climbed out of the trenches and exchanged greetings.

In der Weihnachtsnacht von 1914 unterbrachen deutsche und englische Soldaten die Kriegshandlungen, verließen die Schützengräben und wünschten sich gegenseitig frohe Weihnachten.

Op Kerstnacht 1914 hielden Duitse en Engelse soldaten op met oorlog voeren, verlieten de loopgraven en wensten elkaar gelukkig kerstfeest toe.

La noche de Navidad de 1914 soldados alemanes e ingleses cesan la guerra y dejando las trincheras se intercambiaron los saludos.

1914

The miracle of Christmas 1914 as featured in the "Daily Mirror".
Das Weihnachtswunder von 1914 auf den Seiten des "Daily Mirror".
Het wonder van Kerst 1914 op de pagina's van de "Daily Mirror".
El milagro de Navidad 1914 en las páginas del "Daily Mirror".

The heroic pilots who made the headlines
Piloten als Titelblatthelden
Piloten, helden van de voorpagina's
Los pilotos héroes de primera página

1916
Manfred von Richthofen, the "Red Baron", the first-ever media hero.
Manfred von Richthofen, der "Rote Baron", erster Medienheld.
Manfred von Richthofen, de "Rode Baron", eerste mediaheld.
Manfred von Richthofen, el "Barón Rojo", primer héroe mediático.

The First World War

Had it not been for newspapers and photographs, the legend of Manfred Von Richthofen, nicknamed the Red Baron, might never have been born. And, as anonymous infantrymen rotted in the trenches, the aces of the air took their place in the history books.

Ohne die ersten Zeitungen und Fotografien wäre die Legende von Manfred Von Richthofen, genannt der Rote Baron vielleicht nie entstanden. Und während die anonymen Soldaten der Infanterie in den Schützengräben verfaulten, gingen die Fliegerasse der Luftwaffe in die Geschichte ein.

Zonder de eerste kranten en de eerste foto's zou de legende van Manfred Von Richthofen, die de Rode Baron genoemd werd, misschien nooit ontstaan zijn. En terwijl anonieme infanteristen in de loopgraven lagen weg te rotten, maakten de assen in de lucht geschiedenis.

Tal vez, sin los primeros periódicos y las fotografías, la leyenda de Manfred Von Richthofen, llamado el Barón Rojo, nunca hubiera nacido. Y mientras los anónimos infantes se pudrían en la trinchera, los ases del cielo entraban en la historia.

1915
A probable photo-montage of a WWI dog-fight.
Wahrscheinliche Fotomontage eines Luftwaffenduells während des ersten Weltkriegs.
Waarschijnlijk een fotomontage van een vliegtuigduel tijdens de Eerste Wereldoorlog.
Probable fotomontaje de un duelo aéreo durante la Primera Guerra Mundial.

1918
The legendary red tri-plane, a Fokker Dr.1.
Der legendäre rote Triplan, ein Fokker Dr. 1.
Het legendarische drievleugelige vliegtuig, een Fokker Dr. 1.
El legendario triplano rojo, un Fokker Dr. 1.

▲ 1918
Seen here wounded and convalescing in the company of a nurse, the Red Baron was shot down
by a Canadian pilot shortly after he returned to action.
Der verletzte und genesende Baron mit einer Krankenschwester. Wenig später, nachdem er
wieder zum Einsatz zurückgekehrt war, wurde er von einem kanadischen Piloten abgeschossen.
De gewonde Baron, met een verpleegster, tijdens zijn genezing. Nadat hij de strijd hervat had,
wordt hij korte tijd later door een Canadese piloot neergehaald.
El Barón herido y convaleciente con una enfermera, cuando volverá en acción será abatido poco
después por un piloto canadiense.

▶ **1917**
An artillery observer directing fire from an aerostatic balloon.
Ein Beobachter der Artillerie leitet die Schießaktion aus einem Heißluftballon.
Artilleriewaarnemer stelt het schot in vanuit een luchtschip.
Observador de artillería, guía el tiro de un globo aerostático.

▼ **1917**
The tragic end of a spotter plane.
Das tragische Ende eines Luftwaffenbeobachters.
Het tragische einde van een luchtwaarnemer.
El trágico final de un observador aéreo.

The Coming of the Aerial "Baby-killers"

▶ **1916**
A German Aviatik photographed from the air by a Belgian pilot.
Ein deutscher Aviatik, von einem belgischen Piloten im Flug fotografiert.
Een Duitse Aviatik door een Belgische piloot in de vlucht gefotografeerd.
Un Aviatik alemán fotografiado en vuelo por un piloto belga.

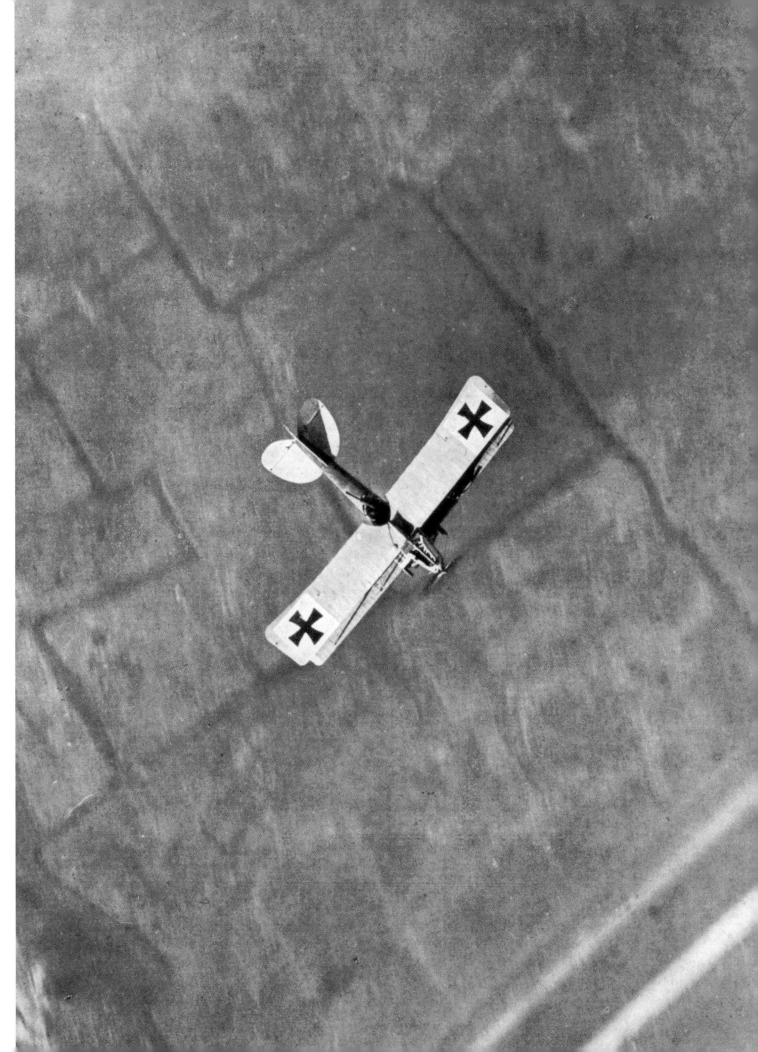

◀ **1915**
War in the air: the "Baby-killers" of the skies arrive, from "The War Illustrated".
Luftkrieg: Die "Baby-Killer" kommen aus dem Himmel geflogen, "The War Illustrated".
Vliegtuigoorlog: aankomst van de "Baby-killers" van de lucht, "The War Illustrated".
Guerra aérea: llegan los "Baby-killer" del cielo, "The War Illustrated".

◀ **1918**
The glory and death of an aviator, from "The War Illustrated".
Ruhm und Tod eines Fliegers, "The War Illustrated".
Glorie en dood van een vliegenier, "The War Illustrated".
Gloria y muerte de un aviador, "The War Illustrated".

▶ **1916**
Jean Navarre, the figher pilot nicknamed the "sentinel of Verdun" in "Le Miroir".
Jean Navarre, die Wache von Verdun, Jägerpilot im "Le Miroir".
Jean Navarre, de wacht van Verdun, jachtvliegtuigpiloot in "Le Miroir".
Jean Navarre, el centinela de Verdun, piloto de caza en "Le Miroir".

1916
A German plane shot down on the Adamello, on the Italian front.
Abgeschossenes deutsches Flugzeug auf dem Adamello, italienische Front.
Duits vliegtuig neergehaald op de Adamello aan het Italiaanse front.
Avión alemán abatido en el Adamello, frente italiano.

1917
A German picture-postcard hero, Lt. Ray.
Ein deutscher Bilderbuch-Held, Oberleutnant Ray.
Een Duitse held voor ansichtskaarten, luitenant Ray.
Un héroe alemán de postal, el teniente Ray.

◀ **1917**
Raoul Lufbery, an allied hero from Lafayette Squadron.
Ein alliierter Held, leutnant Pilot Raoul Lufbery vom Geschwader Lafayette.
Een geallieerde held, luitenant piloot Raoul Lufbery van het squadron Lafayette.
Un héroe aliado, el teniente piloto Raoul Lufbery de la escuadrilla Lafayette.

▶ **1916**
British papers report that two German Zeppelins have been shot down.
Englische Zeitungen berichten vom Abschuss zweier deutscher Zeppelin-Luftschiffe.
Engelse kranten brengen het nieuws van twee neergeschoten Duitse zeppelins.
Periódicos ingleses llevan la noticia de dos zepelín alemanes abatidos.

The First World War

1917
A Zeppelin L49 shot down and captured intact by the French.
Ein abgeschossener und von den Franzosen intakt geborgener Zeppelin L49.
Een neergeschoten zeppelin L49 die intact door de Fransen in beslag genomen is.
Un zepelín L49 abatido y capturado intacto por los franceses.

▲ **1917**
The Franco-American ace, Raoul Lufbery from Lafayette Squadron with his two lions, Whiskey and Soda.
Das französisch-amerikanische Fliegerass Raoul Lufbery vom Geschwader Lafayette mit seinen beiden Löwen, Whiskey und Soda.
De Frans-Amerikaanse as Raoul Lufbery, van het squadron Lafayette, met zijn twee leeuwen Whiskey en Soda.
El as franco-americano Raoul Lufbery, de la escuadrilla Lafayette, con sus dos leones, Whiskey y Soda.

▲ **1917**
Georges Guynemer, the French ace shot down in 1917: neither his body or plane were ever found.
Georges Guynemer, französisches Fliegerass, 1917 abgeschossen: Körper und Flugzeug wurden nicht wiedergefunden.
Georges Guynemer, Franse as, neergehaald in 1917: lichaam en vliegtuig zijn nooit teruggevonden.
Georges Guynemer, as francés abatido en 1917: cuerpo y avión no fueron nunca encontrados.

Real and invented scoops and for future reference...
Wahre, erfundene und in der zukünftigen Erinnerung verbleibende Scoops...
Echte en bedachte scoops en scoops voor een toekomstige nagedachtenis...
Scoop verdaderos, inventados y en memoria futura...

1916
On the left, an unknown infantry soldier called Adolf Hitler, during the First World War.
Auf der linken Seite Adolf Hitler, unbekannter Infanterie-Soldat während des Ersten Weltkriegs.
Links Adolf Hitler, onbekende infanteriesoldaat tijdens de Eerste Wereldoorlog.
A la izquierda Adolf Hitler, desconocido soldado de infantería durante la Primera Guerra Mundial.

Heinrich Hoffmann, 1916
A convalescent Hitler in hospital. He was injured in a gas attack whilst delivering dispatches to the front line.
Hitler rekonvaleszent im Krankenhaus. Er wurde während eines Gasangriffs verletzt, während der Botschaften an die Front brachte.
Hitler tijdens zijn genezing in het ziekenhuis. Hij raakte gewond tijdens een gasaanval, terwijl hij berichten naar het front bracht.
Hitler convaleciente en el hospital. Fue herido durante un ataque con los gases mientras llevaba comunicaciones al frente.

1915
An obvious photo-montage of the aerial bombardment of Venice by the Austro-Hungarians, from "The War Illustrated".
Eine offensichtliche Fotomontage zeigt das Luftbombardement von Venedig durch die österreichisch-ungarische Armee, "The War Illustrated".
Een duidelijke fotomontage toont het vliegtuigbombardement op Venetië door de Oostenrijkers-Hongaren, "The War Illustrated".
Un patente fotomontaje muestra el bombardeo aéreo de Venecia por obra de los austro-húngaros, "The War Illustrated".

1915
The real effects of Austrian bombs on Venice.
Die wahren Auswirkungen der österreichischen Bomben auf die Venedig.
De echte effecten van de Oostenrijkse bommen op de Venetië.
Los efectos verdaderos de las bombas austriacas en Venecia.

1915
The sinking of the Blucher, from "The War Illustrated".
Die Versenkung der Blücher, "The War Illustrated".
De zinkende Blucher, "The War Illustrated".
El hundimiento del Blucher, "The War Illustrated".

The photo was taken during the Battle of Dogger Bank, shortly before the German ship had completely sunk. German planes attacked the allied ships trying to save survivors, so the vast majority of the crew drowned.

Das Foto wurde kurz vor dem völligen Versinken des deutschen Schiffs während der Dogger-Bank-Schlacht geschossen. Die deutsche Luftwaffe griff die Alliierten an, die Hilfe leisten wollten, und so starb der Großteil der Matrosen.

De foto werd genomen vlak nadat het Duitse schip geheel gezonken was tijdens de slag van Dogger Bank. De Duitse luchtmacht viel de geallieerden aan die bezig waren met hulp verlenen en zo verdronk het merendeel van de matrozen.

La foto fue sacada poco antes del completo hundimiento del buque alemán durante la batalla de Dogger Bank. La aviación alemana atacó a los aliados que trataban de socorrer y por eso la mayor parte de los marineros murieron ahogados.

◀ **1918**
Realistic images of the Austrian battleship, Szent Istvan that was sunk by Italian anti-submarine motorboats (MAS), in Premuda.
Die realistischen Bilder des österreichischen Schlachtschiffs Szent Istvan, die vor Premuda von der italienischen Mas versenkt wurde.
De realistische beelden van het Oostenrijkse pantserschip Szent Istvan dat bij Premuda door de Italiaanse Mas tot zinken gebracht werd.
Las realistas imágenes del acorazado austriaca Szent Istvan hundido en Premuda por los Mas italianos.

▶ **1918**
A photo-montage? German air attack on a tank.
Fotomontage? Ein deztsches Flugzeug greift am Boden einen Panzer an.
Fotomontage? Een Duits vliegtuig valt een tankwagen op de grond aan.
¿Fotomontaje? Un avión alemán ataca a un tanque.

Towards the end
Dem Ende entgegen
Tegen het einde
Hacia el final

1918
Afro-American soldiers marching to the front.
Afroamerikanische Soldaten marschieren zur vordersten Linie.
Afro-Amerikaanse soldaten marceren naar de eerste linie.
Soldados afro-americanos en marcha hacia la primera línea.

◀ **1917**
German prisoners taken at Vimy by the Canadians.
Deutsche Soldaten, die in Vimy von Kanadiern gefangen genommen wurden.
Duitsers die in Vimy door de Canadezen gevangengenomen zijn.
Prisioneros alemanes capturados en Vimy por los canadienses.

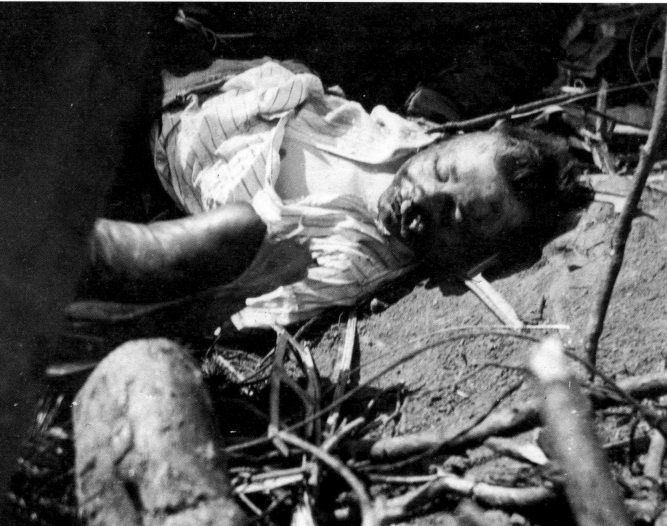

▶ **1917**
German soldier killed in the trenches during the second battle of Aisne.
Während der zweiten Schlacht an der Aisne im Schützengraben gefallener deutscher Soldat.
Duitse soldaat, vermoord in de loopgraaf tijdens de tweede slag aan de Aisne.
Soldado alemán matado en la trinchera en la segunda batalla del Aisne.

1916
German train captured in Ancre, in France, during the Somme offensive.
In Ancre, Frankreich, während des Angriffs an der Somme eingenommener Zug.
Duitse trein in beslag genomen te Ancre, in Frankrijk, tijdens het offensief van de Somme.
Tren alemán capturado en Ancre, Francia, durante la ofensiva del Somme.

1918
A photo-montage that depicts the broken dreams of German submariners arriving in London.
Der zerbrochene Traum der deutschen U-Boot-Matrosen in einer Fotomontage: in London eintreffen!
In een fotomontage de verbroken droom van de Duitse duikbootbemanningen: Londen bereiken!
En un fotomontaje el sueño interrumpido de los submarinistas alemanes: ¡llegar a Londres!

The cover of the 23rd November edition of "The War Illustrated" in 1918: "Cease Fire" - the great war is over.
Titelblatt der Zeitung "The War Illustrated" vom 23. November 1918: "Das Feuer einstellen", der Weltkrieg ist zu Ende.
Omslag van "The War Illustrated" van 23 november 1918: "Staakt het vuren", de grote oorlog is voorbij.
Tapa de "The War Illustrated" del 23 de noviembre de 1918: "Cesen el fuego", la grande guerra terminó.

MADRID 1936

¡NO PASARAN! ¡PASAREMOS!
Sie kommen nicht durch! Wir kommen durch!

Fotomontage: John Heartfield

THE WARS BETWEEN THE WARS: ETHIOPIA, SPAIN, SHANGHAI

The 30s were the prelude to the violence and brutishness of the new conflict that was about to overtake Europe and the rest of the world. Nationalism and ideology gave rise to militant journalism and correspondents in uniform and on the front line like Pavolini in Ethiopia. In the war in Spain, journalists took up arms to defend the Republic. Malraux was with the air squadron that bombed the Fascists as they marched on Madrid and Hemingway and Orwell enlisted in the International Brigades. Robert Capa's unforgettable photographs turned him into a legend but his professional partner, photographer Gerda Taro, died on the front line at Brunete. Instant cameras, Leica's, Ermanox' and 50 mm lenses made it possible to take photographs that were even more dynamic. Capa's shot of a militiaman, photographed at the very moment of his death – regardless of whether it was real or not – represented thereafter, the ultimate goal of every photographer of every war and Hemingway and Malraux made the transition from newspapers to novels and film-scripts.
And, they were all the reason for the myth that surrounds photo-reporters and war correspondents.

DIE KRIEGE NACH DEM ERSTEN WELTKRIEG: ÄTHIOPIEN, SPANIEN, SHANGHAI

Die 30er Jahre waren die einleitende Phase zu der im neuen Konflikt aufkommenden Gewalt und Brutalität, die nicht nur Europa sondern auch die Welt überschwemmen sollte. Das Nationaldenken und die Ideologien ließen den kämpferischen Journalismus entstehen. Uniformierte Berichterstatter an der Front, wie Pavolini in Äthiopien. In Spanien griffen die Journalisten zu den Waffen, um die Republik zu verteidigen. Malraux bombardierte mit einer Luftstaffel die auf Madrid marschierenden Faschisten. Hemingway und Orwell traten den Internationalen Brigaden bei, Robert Capa wurde durch seine denkwürdigen Fotos zur Legende und seine Partnerin, die Fotografin Gerda Taro, starb an der Front in Brunete. Die Schnappschüsse, die Leicas, die Ermanox und die 50-mm Objektive ermöglichten dynamischere Bilder. Der Milizsoldat von Capa, ob nun wahr oder gestellt, ist hier im Augenblick des Todes festgehalten – er steht von jenem Moment an für das höchste Ziel eines Kriegsfotografen. Hemingway und Malraux gingen dann von den Zeitungsseiten zu Romanen und Drehbüchern über.
Sie schufen den Mythos des Fotoreporters und Kriegsberichterstatters.

DE OORLOGEN NA DE EERSTE WERELDOORLOG: ETHIOPIË, SPANJE, SHANGHAI

De jaren Dertig vormden een aanloop tot het geweld en de brutaliteiten van het nieuwe conflict dat Europa en de wereld zou overweldigen. Nationalisme en ideologieën creëerden militante journalistiek. Verslaggevers in uniform, in de eerste linie, zoals Pavolini in Ethiopië. In de oorlog in Spanje namen journalisten het geweer ter hand om de Republiek te verdedigen. Malraux bombardeerde met een luchtsquadron de fascisten die naar Madrid oprukten. Hemingway en Orwell lieten zich in de Internationale Brigades rekruteren, Robert Capa werd een legende met zijn onvergetelijke foto's en zijn vriendin, de fotografe Gerda Taro, stierf aan het front van Brunete. De momentopnames, de Leica, de Ermanox, de objectieven van 50 mm, maakten het mogelijk om dynamischer foto's te maken. De militant van Capa die op zijn stervensmoment gefotografeerd werd, of het nu waar is of niet, zal vanaf dat moment het hoogste bereikbare doel van iedere oorlogsfotograaf worden. Hemingway en Malraux verlieten de pagina's van de kranten om zich met roman's en filmscenario's bezig te houden.
Met hen ontstond de mythe van de fotoverslaggevers en van de oorlogscorrespondenten.

LAS GUERRAS DE LA PRIMERA POSGUERRA: ETIOPÍA, ESPAÑA, SHANGAI

Los años Treinta fueron el preámbulo de violencia y brutalidad del nuevo conflicto que está por abarcar toda Europa y el mundo. Los nacionalismos, las ideologías crean el periodismo militante. Corresponsales en uniforme, en primera línea, como Pavolini en Etiopía. En la guerra de España los periodistas toman el fusil para defender la República. Malraux con un escuadrón aéreo bombardeó a los fascistas en marcha hacia Madrid. Hemingway y Orwell se alistaron en las Brigadas Internacionales, Robert Capa entró en la leyenda con sus fotografías memorables y su compañera, la fotógrafa Gerda Taro, murió en el frente de Brunete. Las instantáneas, las Leica, las Ermanox, los objetivos 50 mm, permitieron la realización de imágenes más dinámicas. El miliciano de Capa, verdadero o falso que fuese, fotografiado en el momento mismo de la muerte, representará desde aquel momento la máxima meta de cada fotógrafo de guerra. Hemingway y Malraux pasaron de las páginas de los periódicos a las novelas y a los escenarios cinematográficos.
Con ellos nacía el mito de los fotorreporteros y de los corresponsales de guerra.

The Italo-Ethiopian War
Äthiopischer Krieg
Oorlog van Ethiopië
Guerra de Etiopía

1935 - 1936

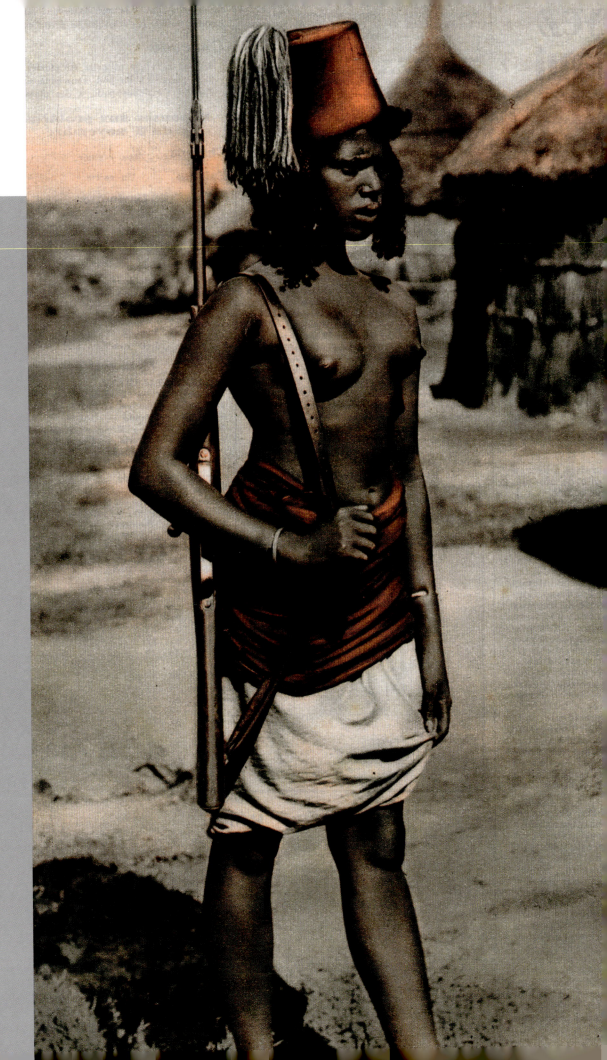

1935
An armed Ethiopian fighter ready for the Italian invasion.
Eine äthiopische Guerilla-Kämpferin stellt sich bewaffnet der italienischen Invasion.
Een bewapende Ethiopische guerrillastrijder trotseert de Italiaanse invasie.
Una guerrillera etíope enfrenta armada la invasión italiana.

1935
Italian artillery position in action.
Italienischer Artillerie-Posten im Einsatz.
Italiaanse artilleriestelling in actie.
Posición de artillería italiana en acción.

▶ **1935**
The Caproni Ca. 133, a three-engined airplane was used as a transporter and as a bomber.
Die Caproni Ca. 133, ein Dreimotorflugzeug mit "hohem Tragflügel" wurde als Transportflugzeug und Bomber benutzt.
De Caproni Ca. 133, een driemotorig vliegtuig met "hoge vleugels" werd zowel voor transport als voor bombardementen gebruikt.
El Caproni Ca. 133, un trimotor de "ala alta", fue utilizado tanto como avión de transporte como de bombardeo.

◀ **1935**
Hailé Selassié (centre), the Emperor of Ethiopia, at the front. He denounced the use of weapons forbidden by the League of Nations.
Hailé Selassié (in der Mitte), Negus von Äthiopien an der Front. Er prangerte den Gebrauch verbotener Waffen beim Völkerbund an.
Hailé Selassié (in het midden), Negus van Ethiopië, aan het front. Hij deed bij de Liga van Naties aangifte van het gebruik van verboden wapens.
Hailé Selassié (en el centro), Negus de Etiopía, en el frente. Denunció el uso de armas prohibidas a la Sociedad de Naciones.

Describing the air raids against the Ethiopians during the Battle of Endertà, Pavolini said "... it was an air force acting like a cavalry unit in pursuit. Aircraft actually mounting charges against the caravans, staying hot on the heels of anyone running away, scattering the columns at crossings and bearing down on any stragglers with machine gun and rifle fire".

"Die Luftwaffe als Verfolgungskavallerie. Ganze Schwadronen von Flugzeugen fielen über die Karawanenspuren her, hefteten sich auf die Fersen der Flüchtenden, zerschlugen die Kolonnen, verfolgten die auseinander getriebenen Menschen mit dem Maschinengewehr und dem Karabiner". Berichtet Pavolini über die Überraschungsangriffe der Flugzeuge gegen die Äthiopier in Endertà.

"De luchtmacht als achtervolgingscavalerie. Hordes vliegtuigen storten zich op de karavaanroutes, joegen de vluchtelingen naar doorwaadbare plaatsen, verspreidden colonnes en achtervolgenden de vermisten met mitrailleurs en karabijnen". Zo vertelde Pavolini over de vliegtuigraids tegen de Ethiopiërs in Enderta.

"La aviación concebida como caballería de persecución. Verdaderas cargas de vehículos aéreos se lanzaron a lo largo de los caminos de caravanas, acosando a los fugitivos en los vados, diseminaron las columnas, persiguieron los dispersos con la ametralladora y la carabina". Así Pavolini cuenta los incursiones aéreas contra los etíopes en Enderta.

1941
Alessandro Pavolini, initially the "Corriere della Sera"'s correspondent, was later a Fascist bomber pilot.
Alessandro Pavolini, erst Abgesandter des "Corriere della Sera", dann Pilot der faschistischen Bomber.
Alessandro Pavolini, eerst verslaggever van de "Corriere della Sera", vervolgens piloot van fascistische bommenwerpers.
Alessandro Pavolini, primer enviado del "Corriere della Sera" después piloto en los bombarderos fascistas.

1935
Cine-operator for the Istituto Luce agency at the front in a machine gun nest.
Kameramann Del Istituto Luce an der Front in einem Nest von Maschinengewehren.
Filmoperateur van het Istituto Luce in een mitrailleursnest aan het front.
Cineoperador del Istituto Luce en el frente en un nido de ametralladoras.

1935
A bombed-out village. The horrors of war captured on film by Italian cine-operators.
Bombardiertes Dorf, die Schrecken des Krieges auf den Filmstreifen der italienischen Kameramänner verewigt.
Gebombardeerd dorp, de verschrikkingen van de oorlog vastgelegd in de films van de Italiaanse filmoperateurs.
Aldea bombardeada, los horrores de la guerra plasmados en las películas de los cineoperadores italianos.

1936
An Ascari assault. They, together with 100,000 Italian troops mounted an attack on Ethiopia from Eritrea.
Ascaris beim Angriff, zusammen mit 100.000 italienischen Soldaten griffen sie Äthiopien von Eritrea aus an.
Ascari in de aanval. Met 100.000 Italiaanse soldaten werd Ethiopië aangevallen vanuit Erithrea.
Los Ascari al asalto, junto con 100.000 soldados italianos, atacaron Etiopía desde Eritrea.

◀ 1936
A German poster decrying the Italian war in Ethiopia.
Deutsches Plakat gegen den italienischen Krieg in Äthiopien.
Duits affiche tegen de Italiaanse oorlog in Ethiopië.
Manifiesto alemán contra la guerra italiana en Etiopía.

▶ 1936
A souvenir edition of "La Domenica del Corriere" featuring the memories of soldiers on the front line.
Publikation zum Gedenken von Soldaten an der Front, "La Domenica del Corriere".
Herinneringspublicatie van soldaten aan het front, "La Domenica del Corriere".
Publicación de recuerdo de los soldados en el frente, "La Domenica del Corriere".

▶▶ 1936
The passage through the mountain roads in Ethiopia, from "La Domenica del Corriere".
Weg durch die Bergstraßen in Äthiopien, "La Domenica del Corriere".
Doorgang tussen de bergwegen in Ethiopië, "La Domenica del Corriere".
El paso a través de caminos de montaña en Etiopía, "La Domenica del Corriere".

DOMENICA DEL CORRIERE

i nostri soldati
nelle terre conquistate
(DALLE FOTOGRAFIE DEI LETTORI)

A Mogadiscio: Piero Parini direttore dei Fasci all'Estero (a destra di chi legge) accanto all'apparecchio donatogli dagli Italiani degli Stati Uniti.

Un allegro gruppo di bimbi a Neghelli (fronte somalo).

Bestiame all'abbeverata nell'Oltre-Giuba.

I bersaglieri, a tempo perso, sanno fare anche il bucato.

Tutti i lettori possono collaborare a questa rubrica. Compenso minimo: 20 lire per ciascuna fotografia pubblicata. Non si restituisce il materiale scartato e non si danno spiegazioni per la mancata pubblicazione.

LA Domenica del Corriere

Anno . . . . . NEL REGNO L. 15,- ESTERO L. 30,-
Semestre 8,- 16,-
Per le inserzioni rivolgersi all'Amministrazione del Corriere della Sera - Via Solferino, 28 - Milano.

Si pubblica a Milano ogni settimana

Supplemento illustrato del "Corriere della Sera"

Uffici del giornale: Via Solferino, 28 - Milano

Per tutti gli articoli e illustrazioni è riservata la proprietà letteraria e artistica, secondo le leggi e i trattati internazionali.

Anno XXXVIII — N. 16   19 Aprile 1936 - Anno XIV   Centesimi 30 la copia

Sulla via di Dessiè. Mentre operai e soldati lavorano alacremente alla costruzione di un allacciamento tra le ormai lontane posizioni dell'Amba Alagi e la "strada imperiale,, oltre Quoram, le grosse artiglierie avanzanti si aprono faticosamente il varco attraverso le rozze piste etiopiche nella zona di montagna.

(Disegno di A. Beltrame)

The Spanish Civil War
Spanischer Bürgerkrieg
Spaanse burgeroorlog
Guerra de España

1936 - 1939

Commenting on a photo of a dying militiaman, Robert Capa said, "No tricks are necessary to take pictures in Spain. You don't have to pose your camera. The pictures are there, and you just take them. The truth is the best picture, the best propaganda".

"Zum Fotografieren in Spanien sind keine Tricks nötig, braucht man die Leute nicht in Pose setzen. Die Fotos sind schon da, man braucht sie nur zu schießen. Das beste Foto, die beste Propaganda ist die Wahrheit." Robert Capa kommentiert so das Foto des sterbenden Milizsoldaten.

"Om in Spanje een foto te maken, heb je geen trucjes nodig. Je hoeft niemand te laten poseren. De beelden zijn daar, je hoeft maar af te drukken. De beste foto, de beste propaganda, is de waarheid." Robert Capa geeft commentaar op de foto van een stervend lid van de republikeinse militie.

"Para hacer fotos en España no sirven trucos. No se necesita poner en pose. Las imágenes están allí, hay sólo que sacarlas. La mejor foto, la mejor propaganda, es la verdad." Robert Capa comentando la foto del miliciano muriente.

Robert Capa, 1937
A soldier in the Republican army fatally wounded by a Nationalist bullet.
Ein Soldat des republikanischen Heers von einer Kugel der Anhänger Francos tödlich getroffen.
Een soldaat van het republikeinse leger is dodelijk getroffen door een door de frankisten afgevuurde kogel.
Un soldado del ejército republicano golpeado a muerte por un proyectil disparado por los franquistas.

▲ **1936**
Republican partisans on the cover of "VU".
Republikanische Partisanen auf dem Titelblatt von "VU".
Republikeinse partizanen op de omslag van "VU".
Partisanos republicanos en la tapa de "VU".

▲ **1936**
"Espagne", the cover of "AZ".
"Espagne" Titelbaltt von "AZ".
"Espagne", omslag van "AZ".
"Espagne" tapa de "AZ".

1937
A Fascist prisoner of the "red" shirts is executed for refusing to speak on the radio, "La Domenica del Corriere".
Ein von den "Roten" gefangen genommener Faschist wird hingerichtet, weil er sich geweigert hat, im Radio zu sprechen, "La Domenica del Corriere".
Een fascistische gevangene van de "roden" wordt terechtgesteld omdat hij weigerde voor de radio te spreken, "La Domenica del Corriere".
Un fascista prisionero de los "rojos" es ajusticiado por haber rechazado de hablar en la radio, "La Domenica del Corriere".

▲ 1940
The author George Orwell.
Der Schriftsteller George Orwell.
De schrijver George Orwell.
El escritor George Orwell.

From journalist to militiaman: the writer George Orwell, alias Eric Arthur Blair, took part in the war from the ranks of the Republican army. Sent to the Aragon front, he was shot in the throat by a Nationalist sniper. On his return from the war, he wrote against the Spanish Stalinists in a reportage diary.

Von Journalisten zu Milizsoldaten: der Schriftsteller George Orwell, alias Eric Arthur Blair, nahm in den Reihen der Republikaner am Krieg teil. Als er an die aragonische Front gesandt wurde, wurde er von einem Scharfschützen Francos am Hals getroffen. Nach seiner Rückkehr aus dem Krieg schrieb er eine Tagebuchreportage gegen die spanischen Stalinisten.

Van journalist tot republikein: de schrijver George Orwell, alias Eric Arthur Blair, nam in de republikeinse gelederen deel aan de oorlog. Aan het front van Aragon werd hij door een frankistische scherpschutter in de keel getroffen. Terug van de oorlog schreef hij een dagboek-reportage tegen de Spaanse stalinisten.

De periodista a miliciano: el escritor George Orwell, alias Eric Arthur Blair, participó en la guerra en las filas republicanas. Enviado en el frente aragonés, fue baleado en la garganta por un francotirador franquista. Al regreso de la guerra escribió un diario-reportaje contra los estalinistas españoles.

◄
Ernest Hemingway was sent to Spain in 1937 to report on the civil war. His experiences there led to the publication, in 1940, of "For Whom the Bell Tolls".
Ernest Hemingway wurde 1937 nach Spanien gesandt, um den Bürgerkrieg zu dokumentieren. Aus dieser Erfahrung entstand 1940 der Roman "Wem die Stunde schlägt".
Ernest Hemingway werd in 1937 naar Spanje gestuurd om de burgeroorlog te documenteren. In 1940 schreef hij op grond van deze ervaring de roman "Voor wie de bel luidt".
Ernest Hemingway fue enviado en 1937 a España para documentar la guerra civil. De esta experiencia nace en 1940 la novela "Por quién doblan las campanas".

► 1937
French author, André Malraux, acquired some French weapons and formed the *Escuadrilla España*, taking part in numerous missions.
Der französische Schriftsteller André Malraux schaffte es, einige französische Flugzeuge zurückzugewinnen; er bildete die *Escuadrilla España* und nahm an zahlreichen Missionen teil.
De Franse schrijver André Malraux herstelde enkele Franse toestellen, vormde de *Escuadrilla España* en nam deel aan talrijke missies.
El escritor francés André Malraux recuperó algunos equipos franceses y formó la *Escuadrilla España*, participando a numerosas misiones.

◀ 1937
British volunteers saying good-bye before setting off to Spain.
Britische Freiwillige verabschieden sich vor ihrer Abreise nach Spanien.
Engelse vrijwilligers nemen afscheid voordat ze naar Spanje vertrekken.
Voluntarios británicos se saludan antes de salir para España.

◀ 1936
A militiaman armed with a rifle reads "ABC" during a rest period.
Ein mit einem Gewehr bewaffneter Milizsoldat liest "ABC" in einem Moment der Ruhe.
Met geweer bewapende republikein leest op een rustig moment "ABC".
Miliciano armado de fusil lee "ABC" en un momento de descanso.

▶ 1937
The documents of one Odette Michel, a volunteer with the Republican militia.
Dokumente von Odette Michel, ein freiwilliger republikanischer Milizsoldat.
Documenten van Odette Michel, een vrijwillig lid van de republikeinse militie.
Documentos de Odette Michel, una miliciana voluntaria republicana.

1936
Richard Payne, George Stuhldeer
and Alfred Crownley, volunteers
with the International Brigade,
prisoners of the Nationalists.
Richard Payne, George Stuhldeer,
Alfred Crownley, Freiwillige der
Internationalen Brigaden, als
Gefangene der Franzosen.
Richard Payne, George Stuhldeer
en Alfred Crownley, vrijwilligers
van de Internationale Brigades,
zijn gevangengenomen door de
frankisten.
Richard Payne, George Stuhldeer,
Alfred Crownley, voluntarios de
las Brigadas Internacionales,
prisioneros de los franquistas.

◄
A volunteer with the International Brigade tries to escape from a German fighter.
Ein Freiwilliger der Internationalen Brigaden versucht einem deutschen Jagdflugzeug zu entkommen.
Vrijwilliger van de Internationale Brigades probeert te ontsnappen aan een Duits jachtvliegtuig.
Voluntario de las Brigadas Internacionales trata de escapar de un caza alemán.

▲
Portrait of a woman in the Republican militia.
Portrait eines republikanischen Milizsoldaten.
Portret van een vrouwelijk lid van de republikeinse militie.
Retrato de una miliciana republicana.

Juan Guzmán, 1936 Barcelona
Marina Jinesta, member of the militia group "United Socialist Youths" and icon of the resistance movement against the Fascists, posing on the terrace of the Hotel Colon.
Eine Ikone des Widerstands gegenüber den Franco-Anhängern: Marina Jinesta, Milizsoldatin der Vereinigten Sozialistischen Jugend, auf der Terrasse des Hotels Colon fotografiert.
Icoon van het verzet tegen de frankisten: Marina Jinesta, militielid van het Front van de Socialistische Jeugd, gefotografeerd op het terras van Hotel Colon.
Un icono de la resistencia contra los franquistas: Marina Jinesta, miliciana del Frente de la Juventud Socialista, fotografiada en la terraza del Hotel Colón.

◀
A cine-operator films a disabled ex-serviceman.
Ein Kameramann filmt einen Kriegsverstümmelten.
Een filmoperateur filmt een oorlogsverminkte.
Un cineoperador filma un mutilado de guerra.

▶ **Juan Guzmán, 1936**
A priest captured by the Republicans, photographed shortly before his execution by firing squad.
Ein von den Republikanern gefangen genommener Priester, er wurde kurz vor seiner Erschießung fotografiert.
Een door de republikeinen gevangengenomen priester, gefotografeerd vlak voordat hij gefusilleerd wordt.
Un sacerdote capturado por los republicanos, fotografiado poco antes de ser fusilado.

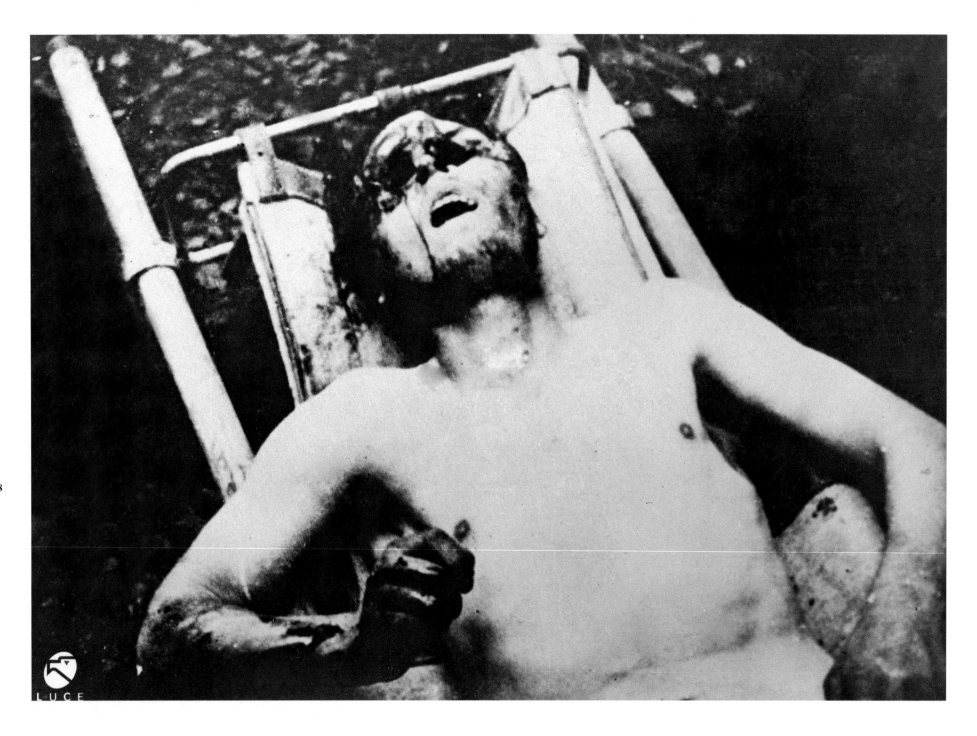

A prisoner, blindfolded and executed.
Geblendeter und hingerichteter Gefangener.
Blind gemaakte en geëxecuteerde gevangene.
Prisionero enceguecido y ajusticiado.

▶ The body of a woman fighter.
Der Leichnam einer erschossenen Frau.
Het lijk van een vrouw die de wapens hanteerde.
El cadáver de una mujer que pasó por las armas.

▼ 1936
A group photo, probably a photomontage, in which enemy heads are being brandished.
Gruppenfoto mit den Köpfen der getöteten Feinde, wahrscheinlich eine Fotomontage.
Groepsfoto met de hoofden van de vermoorde vijanden, waarschijnlijk een fotomontage.
Foto de grupo con las cabezas de los enemigos asesinados, en un probable fotomontaje.

1936
A Republican trench in the Guadarrama district during the siege of Madrid.
Belagerung von Madrid, Schützengraben der Republikaner im Gebiet von Guadarrama.
Beleg van Madrid, republikeinse loopgraaf in de zone van Guadarrama.
Sitio de Madrid, trinchera republicana en la zona de Guadarrama.

1936
Sunrise over Madrid after the battle.
Richtung Madrid, Sonnenuntergang nach der Schlacht.
Naar Madrid, zonsondergang na de strijd.
Hacia Madrid, atardecer después de la batalla.

◀ 1936
Palma de Mallorca, a group of Falangists posing near the "Parapeto de la muerte" (the parapet of death).
Palma de Mallorca, eine Gruppe Falangisten posiert in der Nähe des "Parapeto de la muerte".
Palma de Mallorca, een groep falangisten poseert bij de "Parapeto de la muerte".
Palma de Mallorca, un grupo de falangistas posa cerca del "Parapeto de la muerte".

▲ 1936
Falangists searching through the town of Irun looking for Communist militiamen.
Falangisten durchsuchen die Ortschaft Irun auf der Suche nach kommunistischen Milizsoldaten.
Falangisten doorzoeken Irun op zoek naar communistische militieleden.
Falangistas registran el poblado de Irún buscando milicianos comunistas.

There were numerous bloody skirmishes in the town of Teruel in Aragona and its surroundings between 15th December 1936 and 20th February 1938. During that time, it changed hands many times before it was finally and definitively occupied by the Nationalists. The German reporter, Enrich Andres followed the fighting here.

Die Stadt Teruel in Aragonien und ihre Umgebung waren Schauplatz blutiger Zusammenstöße ab dem 15. Dezember 1936. Die Stadt ging mehrmals von Hand zu Hand bis sie am 20. Februar 1938 dauerhaft von den Nationalisten besetzt wurde. Der deutsche Reporter Erich Andres verfolgte die Gefechte.

De stad Teruel en omgeving, in Aragona, vormde vanaf 15 december 1936 het theater van bloedige gevechten. De stad viel meermalen in verschillende handen, tot 20 februari 1938, toen Teruel permanent door de nationalisten bezet werd. De Duitse reporter Erich Andres volgde deze gevechten.

La ciudad de Teruel y sus alrededores, en Aragón, fueron teatro de sangrientos choques a partir del 15 de diciembre de 1936. La ciudad pasó de mano varias veces, hasta el 20 de febrero de 1938, cuando fue ocupada establemente por los nacionalistas. El reportero alemán Erich Andres siguió estos combates.

Erich Andres, 1936
Nationalist soldier from the elite "Tercio" unit during a skirmish in the Teruel district.
Ein Milizsoldat Francos, Angehöriger des Tercio, während eines Kampfes im Gebiet von Teruel.
Frankistisch militielid van de Tercio tijdens de strijd in de omgeving van Teruel.
Miliciano franquista del Tercio durante un combate en la zona de Teruel.

◀ **Erich Andres, 1936**
A "Tercio" soldier preparing for another attack during the fighting in the Teruel district.
Ein Soldat des Tercio bereitet sich während der Gefechte im Gebiet von Teruel auf einen neuen Angriff vor.
Soldaat van de Tercio bereidt zich voor op een nieuwe aanval tijdens de gevechten in de omgeving van Teruel.
Soldado del Tercio se prepara para un nuevo ataque durante los combates en la zona de Teruel.

▶ **Erich Andres, 1936**
Nationalist soldiers from the elite "Tercio" unit advance under Republican fire in the Teruel district.
Soldaten Francos, Angehörige des Tercio, rücken unter dem Feuer der Republikaner im Gebiet von Teruel vor.
Frankistische soldaten van de Tercio schrijden voort onder het vuur van de republikeinen, in de omgeving van Teruel.
Soldados franquistas del Tercio avanzan bajo el fuego de los republicanos en la zona de Teruel.

Erich Andres, 1936
Soldiers in the "Tercio" unit mounting an attack on Teruel.
Angriff von Soldaten des Tercio in Teruel.
Aanval van soldaten van de Tercio in Teruel.
Asalto de soldados del Tercio en Teruel.

Erich Andres, 1936
A young militia woman falls victim to the fighting in the Carabanchel neighbourhood.
Junge Milizsoldatin, die den Gefechten im Viertel Carabanchel zum Opfer gefallen ist.
Jong vrouwelijk militielid, slachtoffer van de gevechten in de wijk Carabanchel.
Joven miliciana víctima de los combates en el distrito Carabanchel.

Erich Andres, 1936
Civilians being forced to remove slogans, written on a wall, supporting the Republic and the Popular Front, Torrejón de Velasco.
Zivilisten, die gezwungen werden, Schriftzüge zugunsten der Republik und der Volksfront von den Mauern zu entfernen, Torrejón de Velasco.
Burgers worden gedwongen om de teksten, die de republiek en het Volksfront loven, van de muren te verwijderen, Torrejón de Velasco.
Civiles obligados a eliminar de las paredes las frases que elogiaban la república y el Frente Popular, Torrejón de Velasco.

Erich Andres, 1936
Nationalist troops take cover in a position abandoned by the Republicans in Elgoibar.
Truppen Francos suchen in einem von den Republikanern aufgegebenen Posten in Elogibar Schutz.
Frankistische troepen zoeken beschutting in een door de republikeinen achtergelaten stelling in Elgoibar.
Tropas franquistas se protegen en una posición abandonada por los republicanos en Elgoibar.

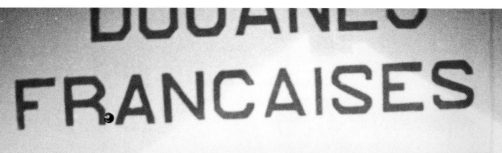

◀ **Erich Andres, 1936**
Refugees from Irún and San Sebastián after the city had been taken by Franco's troops.
Flüchtlinge aus Irún und San Sebastián nach der Eroberung der Stadt seitens der Truppen Francos.
Vluchtelingen uit Irún en San Sebastián, na de verovering van de stad door de troepen van Franco.
Refugiados provenientes de Irún y San Sebastián, después de la conquista de la ciudad por parte de las tropas de Franco.

▲ **Erich Andres, 1936**
Foreign journalists in Navalcarnero examine a Popular Front plane shot down by the Nationalists.
Ausländische Journalisten in Navalcarnero untersuchen ein von den Franco-Anhängern abgeschossenes Flugzeug der Volksfront.
Buitenlandse journalisten in Navalcarnero bekijken een vliegtuig van het Volksfront dat door de frankisten neergehaald is.
Periodistas extranjeros en Navalcarnero examinan un avión del Frente Popular abatido por los franquistas.

206

◀ 1936
Republican militiamen taken prisoner by Franco's troops in Somosierra, the Spanish northern front.
Von den Truppen Francos in Somosierra gefangen genommene republikanische Milizsoldaten, Front im Norden Spaniens.
Republikeinse milities die door de troepen van Franco gevangen genomen zijn in Somosierra, het noordelijke front van Spanje.
Milicianos republicanos hechos prisioneros por las tropas de Franco en Somosierra, frente en el norte de España.

▶ 1937
"Viva la muerte" (long live death) written on a wall and photographed immediately after the fighting in the city of Orduña.
"Viva la muerte", Aufschrift auf einer Mauer, die sofort nach den Gefechten in der Stadt Orduña aufgenommen wurde.
"Viva la muerte", geschreven op de muren onmiddellijk na de gevechten in de stad Orduña.
"Viva la muerte", frase en las paredes retomada enseguida después del combate en la ciudad de Orduña.

1938
A Junkers JU 86 E-1 bomber from the Condor Legion flies over the Basque province of Guipúzcoa.
Ein Bomber Junkers Ju 86 E-1 der Legion Condor überfliegt die baskische Provinz Guipúzcoa.
Een Junkers Ju 86 E-1 bommenwerper van het Condor Legioen vliegt over de Baskische provincie Guipúzcoa.
Un bombardero Junkers Ju 86 E-1 de la Legión Cóndor sobrevuela la provincia vasca de Guipúzcoa.

1938
A Henkel He-111 from the Condor Legion, painted with its battle-name, "Pedro", ready to take off.
Eine zum Abflug bereite Heinkel He-111 der Legion Condor, Kampfname "Pedro".
Een Heinkel He-111 van het Condor Legioen gereed voor vertrek, strijdnaam "Pedro".
Un Heinkel He-111 de la Legión Cóndor listo para despegar, nombre de guerra "Pedro".

1937
The ruins of the Basque city of Guernica y Luno, photographed from a plane belonging to the Condor Legion, after the bombing on 26th April.
Die Ruinen der baskischen Stadt Guernica y Luno, von einem Flugzeug der Legion Condor nach dem Bombardement vom 26. April fotografiert.
De ruïnes van de Baskische stad Guernica y Luno, gefotografeerd vanuit een vliegtuig van het Condor Legioen na het bombardement van 26 april.
Las ruinas de la ciudad vasca Guernica y Luno, fotografiadas por un vehículo aéreo de la Legión Cóndor después del bombardeo del 26 de abril.

Pablo Picasso was openly opposed to the civil war and the bombardment, carried out by the Nazi-fascists, of the Basque town of Guernica. Full of direct and symbolic references to suffering and death, such as a bull, a horse, a lamp, a screaming woman and a mother cradling her dead child, this painting provided Picasso with a way to highlight the destructive brutality of war and emphasize the high human costs of any conflict.

Pablo Picasso spricht sich offen gegen den Bürgerkrieg und die Bombardements der baskischen Stadt Guernica seitens der Nazi-Faschisten aus. Sein Werk ist reich an direkten und symbolischen Bezügen auf das Leid und den Tod, z.B. durch den Stier, das Pferd, die Lampe, die schreiende Frau, die Mutter, die ihren toten Sohn hält. Mit diesen Mitteln macht Picasso die zerstörerische Brutalität des Krieges und die hohen menschlichen Kosten jedes Konflikts deutlich.

Pablo Picasso klaagde de burgeroorlog en het bombardement van de nazi-fascisten op de Baskische stad Guernica openlijk aan. Het werk bevat vele rechtstreekse en symbolische verwijzingen naar het lijden en de dood, zoals de stier, het paard, de lamp, de schreeuwende vrouw, de moeder die haar dode zoon vasthoudt. Picasso gebruikte deze middelen om de verwoestende brutaliteit van de oorlog te benadrukken evenals de hoge prijs aan menselijke levens die voor ieder conflict betaald wordt.

Pablo Picasso denuncia abiertamente la guerra civil y el bombardeo por parte de los nazi-fascistas de la ciudad vasca de Guernica. La obra es rica de referencias directas y simbólicas sobre el sufrimiento y la muerte, como el toro, el caballo, la lámpara, la mujer gritando, la madre que tiene el hijo muerto. Con estos medios Picasso pone en evidencia la brutalidad destructora de la guerra, evidenciando el alto costo humano de cualquier conflicto.

Pablo Picasso, 1937
Guernica, Madrid, Museo Nacional Centro de Arte Reina Sofía, an icon of the Spanish Civil War.
Guernica, Madrid, Museo Nacional Centro de Arte Reina Sofía, Ikone des spanischen Kriegs.
Guernica, Madrid, Museo Nacional Centro de Arte Reina Sofía, icoon van de Spaanse oorlog.
Guernica, Madrid, Museo Nacional Centro de Arte Reina Sofía, icono de la guerra de España.

1937
The streets of Guernica immediately after it had been bombed by the German air force.
Die Straßen von Guernica gleich nach dem Bombardement der deutschen Luftwaffe.
De straten van Guernica onmiddellijk na het bombardement door de Duitse luchtmacht.
Las calles de Guernica enseguida después del bombardeo de la aviación alemana.

Shangai
1932 - 1937

1932
Chinese mortar position in Shanghai.
Chinesischer Granatwerfer-Posten in Shanghai.
Chinese mortierstelling in Shanghai.
Posición del mortero chino en Shanghai.

1937
O.D. Gallagher, war correspondent, watching the effects of the Japanese attack on Shanghai through binoculars.
Der Kriegskorrespondent O.D. Gallagher beobachtet mit dem Fernglas die Auswirkungen des japanischen Angriffs auf Shanghai.
De oorlogscorrespondent O.D. Gallagher kijkt met een verrekijker naar de gevolgen van de Japanse aanval op Shanghai.
El corresponsal de guerra O.D. Gallagher observa con el binóculo los efectos del ataque japonés en Shanghai.

1937
A Chinese patrol along the southern coastline.
Chinesisches Truppenkontingent entlang der Südküste.
Chinees contingent patrouilleert langs de zuidelijke kusten.
Contingente chino de patrulla a lo largo de las costas meridionales.

1932
Shanghai, Japanese soldiers sitting on the flag and eating.
Shanghai, japanische Soldaten sitzen auf der Fahne und essen.
Shanghai, Japanse soldaten eten zittend op de vlag.
Shanghai, soldados japoneses comen sentados sobre la bandera.

1937
Chiang Kai-Shek inspecting the troops during the Sino-Japanese War.
Chiang Kai-Shek bei der Truppenschau während des Japanisch-Chinesischen Kriegs.
Tsjang Kai-Shek inspecteert de troepen tijdens de Chinees-Japanse oorlog.
Chiang Kai-Shek pasa revista a las tropas durante la guerra chino-japonesa.

The invasion of China was just part of Japan's strategy to assume control of Asia. Having rapidly invaded Manchuria, the Japanese proceeded to attack Shanghai and the rich coastal territories, with only the Nationalist army of General Chiang Kai-Shek and the Communist forces of Mao Tse-Tung to contend with.

Die Invasion Chinas war Teil des strategischen Projekts der Japaner, die Kontrolle in Asien zu übernehmen. Nach der blitzartigen Invasion der Mandschurei griffen die Japaner Shanghai und die reichen Küstengebiete an, wobei sich ihnen nur das nationalistische Heer Generals Chiang Kai-Shek und die kommunistischen Streitkräfte von Mao Tse-Tung entgegenstellten.

De invasie van China maakte deel uit van een strategische opzet van Japan om de controle over Azië te krijgen. Na de blikseminvasie in Mantsoerije vielen de Japanners Shanghai en de rijke kustgebieden aan en ondervonden alleen tegenstand van het nationalistische leger van generaal Tsjang Kai-Shek en de communistische krachten van Mao Tse-Toeng.

La invasión de China constituía parte del proyecto estratégico de Japón para asumir el control de Asia. Después de la fulmínea invasión de Manchuria, los nipones atacaron Shanghai y los ricos territorios costeros contrastados sólo por el ejército nacionalista del general Chiang Kai-Shek y por las fuerzas comunistas de Mao Tse-Tung.

Mao Tse-Tung.
Mao Tse-Toeng

1938
Chou En-Lai with his wife, Deng Yingchao, and journalist Edgar Snow in Wuchang. The American journalist was the first to interview the future leader of China, Mao Tse-Tung.
Chou En-Lai mit Ehefrau Deng Yingchao und dem Journalisten Edgar Snow in Wuchang. Der amerikanische Journalist war der erste, der den zukünftigen chinesischen Staatsführer Mao Tse-Tung interviewte.
Zhou En-Lai met zijn vrouw Deng Yingchao en de journalist Edgar Snow in Wuchang. De Amerikaanse journalist was de eerste die de toekomstige Chinese leider Mao Tse-Toeng interviewde.
Chou En-Lai con su esposa Deng Yingchao y el periodista Edgar Snow en Wuchang. El periodista americano fue el primero que entrevistó el futuro líder chino Mao Tse-Tung.

THE SECOND WORLD WAR

In the Second World War, there was a deliberate move to enlist the press. No longer simply the guest of those in command, they were assigned to permanent duty within the ranks and with a specific job to do. Censorship permitting, they were to inform and to create propaganda through the newspapers as well as colour magazines, radio and cine news. Keeping the media supplied took a veritable militarized staff of journalists, photographers, cine-operators and radio news reporters who were enlisted and sent to the front lines all over the world to document victories, and sweeten news of any defeats. From the Pacific to the Libyan desert, from Stalingrad to Berlin, war correspondents travelled, often armed, on every means of transport available, from warships to U-boats and bomber aircraft to armoured columns.

For the Germans there was the Propaganda Kompanie and reporters with the magazine "Signal" and the Italians counted on cine-operators with the "Luce" institute. As for the Allies, they had a free press, some amazing women photographers and journalists, the colour photos of "Life" magazine, not to mention Hollywood directors with their war films, Britain's ever-present BBC, and although the world remained ignorant of their existence until after the war, the Russians produced an entire generation of quite brilliant soldier-photographers.

DER ZWEITE WELTKRIEG

Während des Zweiten Weltkriegs wurde die Presse in den Dienst der Kriegsparteien gestellt. Sie war zwar nicht mehr als Gast bei den Besprechungen der Oberbefehlshaber zugegen, ist jedoch Teil der oberen Ränge und hat eine ganz präzise Aufgabe: informieren (solange es die Zensur erlaubt) und Propaganda machen. Das geschah über Zeitungen, Illustrierte, Radio und Kinojournale. Um diese Medien mit Nachrichten zu füttern, wurden militärisch ausgebildete Journalisten, Fotografen, Kameraleute und Radiosprecher an die Kriegsfronten in der ganzen Welt geschickt, um die Siege zu dokumentieren und die Niederlagen zu beschönigen. Vom Pazifik bis zur Wüste Libyens und von Stalingrad bis Berlin reisten diese Kriegsberichterstatter (oftmals bewaffnet), wie auch immer es ging: auf Kriegsschiffen, U-Booten, Bombern und Panzerkolonnen. Die Deutschen hatten die der SS-Kriegsberichterstatter-Kompanie angehörenden PK-Männer und die Reporter von Signal, die Italiener die Kameraleute vom Institut Luce, die Alliierten die freie Presse mit großartigen Fotografen und Journalisten, die Farbbilder in Life, die Hollywood-Regisseure und die combat-Filme, die Engländer die allseits präsente BBC und die Russen eine Generation von herausragenden Soldaten-Fotografen, die nach dem Krieg zu Weltruhm gelangen sollten.

DE TWEEDE WERELDOORLOG

Met de Tweede Wereldoorlog werd de pers gerekruteerd. Niet meer gast van de hoge commando's maar met een precieze taak in de rangen ingekaderd: informeren, als de censuur dat toelaat, en propaganda maken. Via kranten maar ook met kleurentijdschriften, radio en bioscoopjournaals. Om deze media te voeden werden gemilitariseerde groepen journalisten, fotografen, filmoperateurs en radioverslaggevers naar de oorlogsfronten over de hele wereld uitgezonden om overwinningen te documenteren en het nieuws van nederlagen te verzachten. Van de Stille Oceaan tot de Libische woestijn, van Stalingrad tot Berlijn, zullen oorlogsverslaggevers, vaak gewapend, met ieder beschikbaar voertuig reizen: van oorlogsschepen tot U-boot, van bommenwerpers tot pantsercolonnes. De Duitsers hebben de Propaganda Kompanie en de verslaggevers van "Signal", de Italianen hebben de filmoperateurs van het Istituto Luce, de Geallieerden hebben de vrije pers, belangrijke vrouwelijke fotografen en journalisten, de kleur van "Life", de regisseurs van Hollywood en de combat-films, de Engelsen hebben de alom aanwezige BBC en de Russen een generatie van grootse soldaat-fotografen die de wereld pas na de oorlog zal leren kennen.

LA SEGUNDA GUERRA MUNDIAL

Con la Segunda Guerra Mundial la prensa fue reclutada. No más huésped de los altos mandos sino enmarcada en los rangos con una precisa tarea: informar, considerando la censura, y hacer propaganda. A través del papel impreso pero también en revistas a color, radio y noticias en los cines. Para alimentar estos medios fueron equipados con equipo militarizado de periodistas, fotógrafos, camarógrafos y comentaristas invitados al frente de guerra de todo el mundo para documentar las victorias y suavizar las noticias de las derrotas. Desde el Pacífico hasta el desierto líbico, desde Stalingrado hasta Berlín los corresponsales de guerra viajarán, a menudo armados, en todos los medios disponibles: desde buques de guerra hasta los U boot, desde los bombarderos hasta los convoyes acorazados.

Los alemanes tendrán las Propaganda Kompanie y los reporteros de "Signal", los italianos los camarógrafos del Instituto Luce, los Aliados la prensa libre, grandes mujeres fotógrafas y periodistas, el color de "Life", los directores de Hollywood y los combat-film, los ingleses la omnipresente BBC y los rusos una generación de grandes soldados-fotógrafos conocidos en el mundo sobre todo después de la guerra.

Reporting the "Blitzkrieg"
Die Übertragung des Blitzkriegs
De Blitzkrieg wordt uitgezonden
Va en onda la Blitzkrieg
1939

"If you take a careful look at a collection of these photographs (...) there can be no doubt that they were taken by soldiers. There is no evidence they have been posed, they show real fighting scenes of a war in which even the photo-journalist, weapons in hand, has taken part". Soldier with a camera, "Signal", January 1941.

"Wenn man eine Sammlung dieser Fotografien mit einer gewissen Aufmerksamkeit durchsieht (...) kann man nicht daran zweifeln, dass sie von Soldaten geschossen wurden. Es gibt keine gestellten Szenen, sondern nur echte Kampfhandlungen und Kriegsereignisse, an denen auch der Fotograf mit der Waffe in der Hand teilgenommen hat". Der Soldat mit der Kamera, "Signal", Januar 1941.

"Als men een verzameling van deze foto's met zekere aandacht doorkijkt (...) twijfelt men er niet aan dat ze door soldaten gemaakt zijn. Er zijn geen in scène gezette situaties maar werkelijke feiten van een oorlog waarin gevochten wordt en waaraan ook de fotoverslaggever met wapens in de hand deelgenomen heeft". Der Soldat mit der Kamera, "Signal", januari 1941.

"Si se hojea con una cierta atención una colección de estas fotografías (...) no se puede dudar que hayan sido realizadas por soldados. No se advierten escenas preparadas, sino verdaderos y propios hechos de guerra combatida donde también el fotocronista formó parte con las armas en la mano". Der Soldat mit der Kamera, "Signal", enero 1941.

1939
German photographers and correspondents in Poland.
Deutsche Fotografen und Korrespondenten in Polen.
Duitse fotografen en correspondenten in Polen.
Fotografías y corresponsales alemanes en Polonia.

◀ **Heinrich Hoffmann, 1939**
Adolf Hitler, the witch-doctor and the papers.
Adolf Hitler der Hexenmeister und die Zeitungen.
Adolf Hitler, de toverdokter en de kranten.
Adolf Hitler el brujo y los periódicos.

▶ **1939**
Leni Riefenstahl, Nazi photographer.
Leni Riefenstahl, die Fotografin des Nazismus.
Leni Riefenstahl, fotografe van het nazisme.
Leni Riefenstahl, la fotógrafa del nazismo.

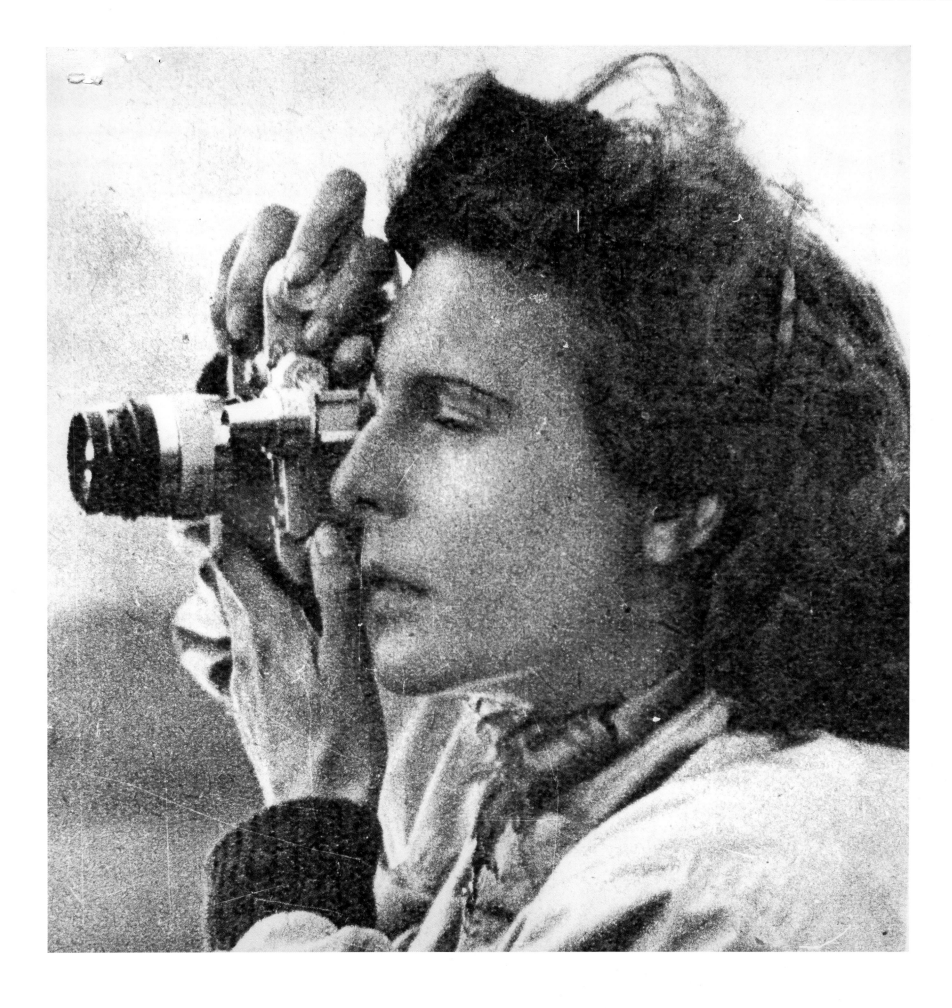

1940
"It was Hitler who gave radio the Orson Welles treatment for real. That Hitler came into political existence at all is directly owing to radio and public-address systems". M. McLuhan in "Understanding Media: The Extensions of Man".
"Es war Hitler, der die Radios ernst nahm und die Methode von Welles anwandte; Hitler verdankt seine politische Existenz direkt dem Radio und seiner Art, sich an die Zuhörer zu wenden". M. McLuhan in "Die magischen Kanäle".
"En het was Hitler die serieus en op de manier van Welles met de radio omging; het politieke bestaan van Hitler ontstaat rechtstreeks door de radio en door de manier waarop hij zich tot het publiek wendt". M. McLuhan in "Understanding Media, the Extensions of Man".
"Hitler trató la radio a lo de Orson Welles, pero de verdad. Que Hitler llegara a existir políticamente se debe directamente a la radio y a los sistemas de megafonía". M.McLuhan en "Comprender los medios de comunicación: las extensiones del ser humano".

1940
Rolleiflex, the camera, along with the Leica, that professionals preferred.
Rolleiflex mit der Leica, dem anderen von den Profis bevorzugten Fotoapparat.
Rolleiflex, met de Leica, het andere favoriete fototoestel van professionele fotografen.
Rolleiflex, con la Leica, la otra máquina preferida de los profesionales.

◀ **1939**
A German Panzer, symbol of the "lightening war".
Ein deutscher Panzer, Symbol des Blitzkriegs.
Een Duits pantservoertuig, het symbool van de bliksemoorlog.
Un Panzer alemán, el símbolo de la guerra relámpago.

▶ **1939**
An advertisement for the JU 87 "Stuka" bomber in "Signal" magazine.
Werbung des Sturzkampfbombers JU 87 "Stuka" in der Zeitschrift "Signal".
Reclame voor de jachtbommenwerper JU 87 "Stuka" in het tijdschrift "Signal".
Propaganda del cazabombardero JU 87 "Stuka" en la revista "Signal".

1939
German Infantry on the outskirts of Warsaw.
Deutsche Infanterie vor den Toren Warschaus.
Duitse infanterie aan de poorten van Warschau.
Infantería alemana en las puertas de Varsovia.

1939
Warsaw: German photographers and correspondents, including Leni Riefenstahl, on Ujazdowski Avenue for the Victory Parade.
Warschau: deutsche Fotografen und Korrespondenten auf der Ujazdowski-Allee zur Siegesparade, unter ihnen Leni Riefenstahl.
Warschau: Duitse fotografen en correspondenten aan de Ujazdowski-Allee voor de overwinningsparade, onder hen Leni Riefenstahl.
Varsovia: fotografías y corresponsales alemanes en Ujazdowski-Allee para la parada de la victoria, entre ellos Leni Riefenstahl.

Leni Reifenstahl, upset by the summary executions she had witnessed in Poland, stopped photographing military operations.

Leni Riefenstahl, die in Polen die erschütternden Massenhinrichtungen miterleben musste, fotografierte nach diesem Eindruck keine militärischen Handlungen mehr.

Leni Riefenstahl, ontdaan door de standrechtelijke executies die ze in Polen bijgewoond had, hield op met het fotograferen van militaire operaties.

Leni Riefenstahl, turbada por las ejecuciones sumarias que había presenciado en Polonia, deja de fotografiar las operaciones militares.

1939
"VU" magazine promotes André Maginot and his "formidable" defence system.
André Maginot und sein "formidables" Sicherheitssystem in "VU".
André Maginot en zijn "formidabele" veiligheidssysteem in "VU".
André Maginot y su "formidable" sistema de seguridad en "VU".

1940
German pioneers attacking the Maginot line.
Deutsche Pioniere beim Angriff auf die Maginot-Linie.
Duitse pioniers vallen de Maginot-linie aan.
Pioneros alemanes al asalto de la Maginot.

◀ **Arthur Grimm, 1940**
Cutting the barbed wire during an assault on the Maginot line.
Angriff auf die Maginot-Linie, Durchschneiden der Drahtverhaue.
Aanval op de Maginot-linie, doorknippen van de prikkeldraadversperringen.
Asalto a la Maginot, corte de las alambradas.

▲ **1940**
The consequences of a bombing raid on a Belgian fort.
Auswirkungen der Bombardements auf eine belgische Festung.
Gevolgen van de bombardementen op een Belgisch fort.
Efectos de los bombardeos en un fuerte belga.

◀ **Hermann Hoeffke, 1940**
French prisoners.
Französische Gefangene.
Franse gevangenen.
Prisioneros franceses.

▲ **1940**
PK Films document the allied defeat in Dunkirk.
Dünkirchen, die PK dokumentiert die Niederlage der Alliierten.
Duinkerken, de PK documenteert de geallieerde nederlaag.
Dunquerque, la PK documenta la deshecha aliada.

◀ **1940**
The British Expeditionary Force return, from "The War Illustrated".
Die Rückkehr des englischen Speditionskorps, "The War Illustrated".
Terugkeer van het Engelse expeditiekorps, "The War Illustrated".
El regreso del cuerpo de expedición inglés, "The War Illustrated".

▶ **1940**
Soldiers with the British Expeditionary Force on board a boat at Dunkirk. According to the BBC, it was "a glorious defeat".
Ein Teil des englischen Speditionskorps schifft sich in Dünkirchen ein; für die BBC war es "ein glorreicher Rückzug".
Een deel van het Engelse expeditiekorps scheept zich in te Duinkerken: voor de BBC was het "een glorieuze terugtrekking".
Parte del cuerpo de expedición inglés se embarca en Dunquerque: para la BBC fue "una gloriosa retirada".

▼ **1940**
June: not everyone makes it home.
Juni: einige werden nicht zurückkehren.
Juni: sommigen zullen niet terugkeren.
Junio: algunos no lograrán volver.

◀ **1940**
The equanimity of "The Times" (London): "German entry into Paris".
Der Aplomb der "Times" von London: "Die Deutschen marschieren in Paris ein".
Het aplomb van de "Times" van Londen: "De Duitsers vallen Parijs binnen".
El aplomo del "Times" de Londres: "Los alemanes entran a París".

◀ **1940**
A tearful Frenchman.
Die Tränen eines Franzosen.
De tranen van een Fransman.
Las lágrimas de un francés.

▶ **1940**
Hitler in Paris.
Hitler in Parijs.
Hitler en París.

1940
A German war correspondent writes his piece on the surrender of Compiègne.
Ein deutscher Kriegskorrespondent schreibt seinen Artikel über die Kapitulation von Compiègne.
Een Duitse oorlogscorrespondent schrijft zijn artikel over de capitulatie van Compiègne.
Un corresponsal de guerra alemán escribió su artículo sobre la rendición de Compiègne.

1940
A parade through Paris pictured in "Cronache della Guerra".
Truppenparade in Paris auf den Seiten von "Cronache della Guerra".
Parade in Parijs op de pagina's van "Cronache della Guerra".
Parada en París en las páginas de "Cronache della Guerra".

The "Propaganda Kompanie"
Die "Propaganda-Kompanie"
De "Propaganda-Kompanie"
La "Propaganda-Kompanie"

"All German photographs of war published in both German and foreign newspapers and magazines, are supplied by soldiers, and more precisely, by members of the Propaganda Company." Soldier with a Camera, "Signal" January 1941.

"Alle deutschen Kriegsfotos, die in illustrierten Zeitungen und Zeitschriften in Deutschland und im Ausland reproduziert wurden, wurden von Soldaten gemacht, und genauer gesagt, von den Mitgliedern der Propaganda-Kompanie." Der Soldat mit der Kamera, "Signal", Januar 1941.

"Alle Duitse oorlogsfoto's die in kranten en geïllustreerde tijdschriften in Duitsland en het buitenland gereproduceerd worden, worden door soldaten verstrekt, om precies te zijn door leden van de Propaganda-Compagnie." Der Soldat mit der Kamera, "Signal", januari 1941.

"Todas las fotografías alemanas de guerra, reproducidas en periódicos y revistas ilustradas de Alemania, se suministran por soldados, y más exactamente por los componentes de la Compañía de Propaganda." Der Soldat mit der Kamera, "Signal", enero 1941.

1941
An SS PK cameraman.
Kameramann der SS-PK.
Filmoperateur van de PK SS.
Cineoperador de la PK SS.

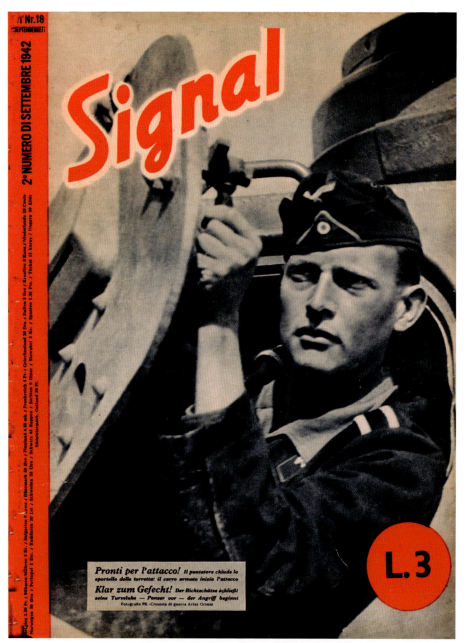

▲ 1942
Member of a German tank crew on the cover of "Signal" magazine.
Deutscher Panzergrenadier auf dem Titelblatt von "Signal".
Duits tanksoldaat op de omslag van "Signal".
Carrista alemán en la tapa de "Signal".

▲ 1941
Hanns Hubmann, a PK photographer based on the Eastern Front records events in the Russian Campaign.
Der Fotograf der PK Hanns Hubmann dokumentiert an der Ostfront die russische Kampagne.
De fotograaf van de PK Hanns Hubmann aan het oostfront documenteert de campagne van Rusland.
El fotógrafo de la PK Hanns Hubmann en el frente oriental documenta la Campaña de Rusia.

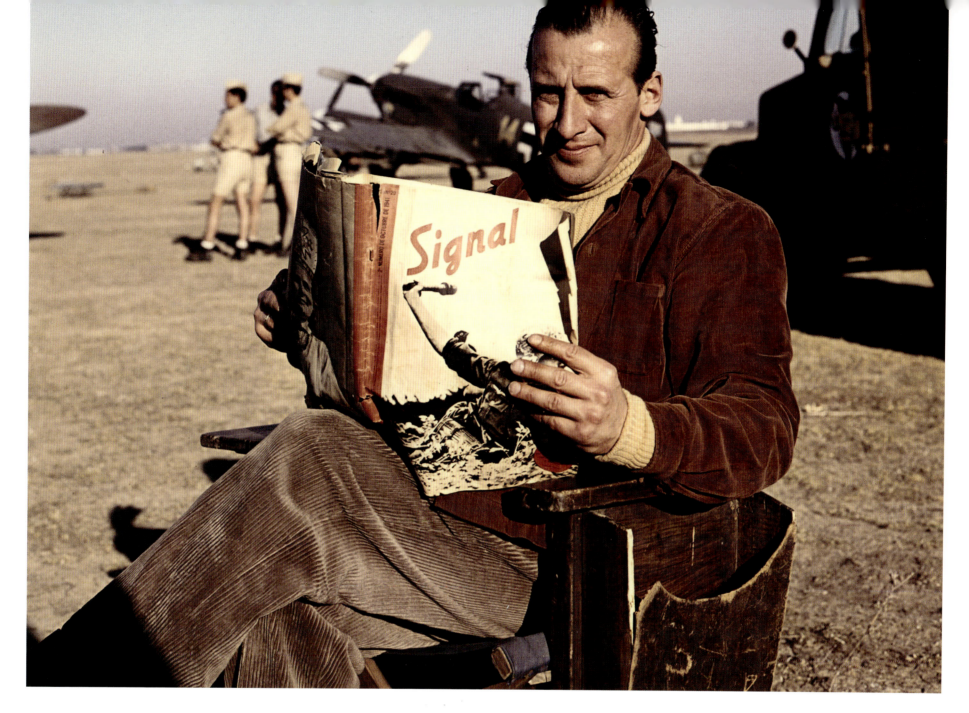

1943
PK photographer Benno Wundshammer reads the latest edition of "Signal".
Der PK-Fotograf Benno Wundshammer liest die letzte Ausgabe von "Signal".
De fotograaf van de PK Benno Wundshammer leest het laatste nummer van "Signal".
El fotógrafo de la PK Benno Wundshammer lee la última copia de "Signal".

"Signal" was the most important war magazine in Germany. Modelled on the American "Life" magazine and launched in 1940, it was printed in various languages and distributed throughout the world.

"Signal" war die wichtigste deutsche Kriegszeitschrift. Sie entstand 1940 nach dem amerikanischen Modell "Life" und wurde in verschiedenen Sprachen gedruckt und in der ganzen Welt in mehreren Sprachen verbreitet.

"Signal" was het belangrijkste Duitse oorlogsmagazine. Voor het eerst uitgebracht in 1940, naar het model van het Amerikaanse "Life", werd het in verschillende talen gedrukt en wereldwijd verspreid.

"Signal" fue la revista de guerra alemana más importante. Nacida en 1940 sobre el modelo de la americana "Life", se imprime en diferentes idiomas y se difunde en todo el mundo.

250

1944

"Signal" staff correspondents: Hans Liska, Konrad v. Weidenbaum, Arthur Grimm, Lothar Rühle, Benno Wundshammer, Tom v. Wichert, Fritz Solm, Hugo Mößlang, Baas, and Hanns Hubmann.

Das Korrespondententeam von "Signal": Hans Liska, Konrad v. Weidenbaum, Arthur Grimm, Lothar Rühle, Benno Wundshammer, Tom v. Wichert, Fritz Solm, Hugo Mößlang, Baas, Hanns Hubmann.

De correspondenten van "Signal": Hans Liska, Konrad v. Weidenbaum, Arthur Grimm, Lothar Rühle, Benno Wundshammer, Tom v. Wichert, Fritz Solm, Hugo Mößlang, Baas, Hanns Hubmann.

El staff de los corresponsales de "Signal": Hans Liska, Konrad v. Weidenbaum, Arthur Grimm, Lothar Rühle, Benno Wundshammer, Tom v. Wichert, Fritz Solm, Hugo Mößlang, Baas, Hanns Hubmann.

1933
Carl Weinrother in his Berlin photographic studio before the outbreak of war.
Carl Weinrother in seinem Fotografenatelier in Berlin vor dem Krieg.
Carl Weinrother in zijn fotostudio in Berlijn, vóór de oorlog.
Carl Weinrother en su taller fotográfico en Berlín antes de la guerra.

1940
PK photographer Cark Weinrother on the front line.
Carl Weinrother an der Front für die PK.
Carl Weinrother aan het front voor de PK.
Carl Weinrother en el frente para la PK.

▲ **1941**
Walter Frentz, film producer and cameraman.
Walter Frentz, Kinoproduzent und Kameramann.
Walter Frentz, filmproducent en cameraman.
Walter Frentz productor cinematográfico y cameraman.

▶ **1940**
Hitler inspects a French position on the Western Front. Walter Frentz captures the scene with a cinecamera.
Westfront: Hitler inspiziert einen französischen Posten. Walter Frentz filmt die Szene mit der Kamera.
Westfront: Hitler inspecteert een Franse stelling: Walter Frentz filmt hem.
Frente occidental: Hitler inspecciona una posición francesa. Walter Frentz filma la escena con la cámara.

Photographer Walter Frentz in jail, captured immediately after the war ended.
Der Fotograf Walter Frentz im Gefängnis während seiner Haft gleich nach Ende des Krieges.
De fotograaf Walter Frentz in de gevangenis tijdens zijn opsluiting aan het einde van de oorlog.
El fotógrafo Walter Frentz en la cárcel durante la detención después que termina la guerra.

▲ 1940
Heinrich Hoffmann.

◀ 1939
A war correspondent embedded with the Luftwaffe.
Kriegskorrespondent im Gefolge der Luftwaffe.
Oorlogscorrespondent die de Luftwaffe volgt.
Corresponsal de guerra después de la Luftwaffe.

1940
The photographer Max Ehlert documented the
war in Norway, working at times at -36°.
Der Fotograf Max Ehlert dokumentierte den Krieg
in Norwegen und arbeitete dabei auch bei -36 °C.
De fotograaf Max Ehlert documenteerde de oorlog
in Noorwegen en werkte ook bij -36° C.
El fotógrafo Max Ehlert documentó la guerra en
Noruega trabajando también a -36° C.

1940
A film crew from the Propaganda Kompanie in the Warsaw ghetto.
Truppe der Propaganda-Kompanie im Warschauer Ghetto.
Troupe van de Propaganda-Kompanie in het getto van Warschau.
Tropas de la Propaganda-Kompanie en el gueto de Varsovia.

1940
The photographer Hanns Hubmann in the U-boat base in Lorient.
Der Fotograf Hanns Hubmann in Lorient, in einer U-Boot-Basis.
De fotograaf Hanns Hubmann te Lorient, in een U-Boot-basis.
El fotógrafo Hanns Hubmann en Lorient, en una base de U-Boot.

▲ 1941
Developing negatives on the front line.
Entwicklung von Negativen in vorderster Linie.
Ontwikkelen van negatieven in de eerste linie.
Revelación de los negativos en primera línea.

▲ 1941
A correspondent at the front.
Korrespondent an der Front.
Correspondent aan het front.
Corresponsal en el frente.

◀ 1940
A German photographer.
Deutscher Fotograf.
Duitse fotograaf.
Fotógrafo alemán.

1941
A PK photographer armed with a Leica and a Mauser: the former to shoot photographs and the latter for fighting.
Fotografo der PK: die Leica zum Fotografieren und die Mauser zum Kämpfen.
Fotograaf van de PK: de Leica om te fotograferen en de Mauser om te vechten.
Fotógrafo de la PK: la Leica para fotografiar y la Mauser para combatir.

1942
The reporter Hanns Hubmann embedded with the "Großdeutschland" division in Russia. His photography took him through Franco's Spain and eventually to a job with US Forces Magazine, "Stars and Stripes".
Hanns Hubmann, Reporter im Gefolge der Abteilung "Großdeutschland" in Russland. Seine Bilder brachten ihn vom Spanien Francos bis zur Zeitschrift der amerikanischen Streitkräfte "Stars and Stripes".
Hanns Hubmann, reporter die de divisie "Großdeutschland" in Rusland volgde. Zijn foto's gingen van het Spanje van Franco tot het tijdschrift van de Amerikaanse strijdkrachten "Stars and Stripes".
Hanns Hubmann, reportero después de la división "Großdeutschland" en Rusia. Con sus imágenes pasó de la España de Franco hasta la revista de las fuerzas armadas americanas "Stars and Stripes".

◀ 1942
A PK car in the USSR.
Das Auto der PK in der Sowjetunion.
De auto van de PK in de Sovjet-Unie.
El coche de la PK en la Unión Soviética.

▲ 1943
Photographer Hilmar Pabel at the wheel of a Wehrmachts-PKW, the car kitted out specifically for front-line photo-reporters.
Der Fotograf Hilmar Pabel am Steuer des Wehrmachts-PKWs, dem Auto für Fotoreporter an der vordersten Linie.
De fotograaf Hilmar Pabel aan het stuur van de Wehrmachts-PKW, de auto die ingericht was voor fotoverslaggevers in de eerste linies.
El fotógrafo Hilmar Pabel conduciendo el Wehrmachts-PKW, coche equipado para los fotorreporteros de primera línea.

1944
In a trench, Leica at the ready, just a few meters away from a Russian T-34.
Mit der Leica im Schützengraben, nur wenige Meter von einem russischen T-34 entfernt.
In de loopgraaf met de Leica op enkele meters van een Russische T-34.
En la trinchera con la Leica a pocos metros de un T-34 ruso.

1942
A PK cameraman on the Eastern Front.
PK-Kameramann an der Ostfront.
Filmoperateur van de PK aan het oostfront.
Cineoperador de la PK en el frente oriental.

The Luce Institute
and Mussolini's photo-reporters
Das Istituto Luce
und die Fotoreporter Mussolinis
Het Istituto Luce
en de fotoreporters van Mussolini
El Instituto Luce
y los fotorreporteros de Mussolini

1937
Benito Mussolini, cinema and communications.
Benito Mussolini, das Kino und die Kommunikation.
Benito Mussolini, film en communicatie.
Benito Mussolini, el cine y la comunicación.

▲ 1940
The Africa Campaign featured on the cover of "Cronache della Guerra".
Afrika-Kampagne auf dem Titelblatt von "Cronache della Guerra".
De Afrikaanse campagne op de omslag van "Cronache della Guerra".
Campaña de África en la tapa de "Cronache della Guerra".

▲ 1940
A feature article in "Signal" on the Italian Armed Forces entitled "Soldiers of the Empire".
Bericht über die italienischen Streitkräfte mit dem Titel "Die Soladten des Reichs", "Signal".
Reportage over de Italiaanse strijdkrachten met de titel "De soldaten van het Keizerrijk", "Signal".
Servicio sobre las fuerzas armadas italianas del título "Los soldados del Imperio", "Signal".

1940
An Italian cameraman getting to grips with the Libyan desert.
Italienischer Kameramann bei der Arbeit in der libyschen Wüste.
Italiaans filmoperateur aan het werk in de Libische woestijn.
Cineoperador italiano trabajando en el desierto líbico.

1940
War correspondent Nello Quilici's funeral. He was killed by mistake, along with Italo Balbo, by Italian anti-aircraft fire in Tobruk.
Beerdigung von Nello Quilici, dem Kriegskorrespondent, der durch einen Fehler zusammen mit Italo Balbo von der italienischen Luftabwehr in Tobruk abgeschossen worden war.
Begrafenis van Nello Quilici, de oorlogscorrespondent die door een fout van de Italiaanse luchtafweer in Tobruk samen met Italo Balbo om het leven gebracht was.
Funerales de Nello Quilici, el corresponsal de guerra abatido por error junto a Italo Balbo por la contraaérea italiana en Tobruk.

1943
Curzio Malaparte, Italian war correspondent and writer.
Curzio Malaparte, italienischer Schriftsteller und Kriegskorrespondent.
Curzio Malaparte, Italiaans oorlogscorrespondent en schrijver.
Curzio Malaparte, corresponsal de guerra y escritor italiano.

◀ **1940**
A Luce Institute cameraman in Tobruk.
Kamermann des Istituto Luce, Tobruk.
Filmoperateur van het Istituto Luce, Tobruk.
Cineoperador del Instituto Luce, Tobruk.

▶ **1940**
An English POW as photographed by Italian reporters.
Von italienischen Korrespondenten fotografierter englischer Gefangener.
Engelse gevangene gefotografeerd door Italiaanse correspondenten.
Prisionero inglés fotografiado por los corresponsales italianos.

VITA DI BORDO E MOMENTI DI AZIONE

Ecco in uno dei nostri apparecchi la divisione dei compiti: 1) Il pilota controlla gli strumenti di bordo. 2) Il mitragliere è fermo alla sua mira. 3) L'osservatore punta l'obiettivo per sorprendere segreti nemici o risultati di azioni. 4) Con l'eleganza dei grandi uccelli migratori le nostre "Cicogne" procedono oltre lo schermo di nubi. 5) I cacciatori gareggiano con le "Saette" di cui hanno preso il nome. 6) Gli stormi procedono in un paesaggio di cime e burroni. 7) Sganciate dai bombardieri le grosse bombe precipitano verso il segno. (Luce)

1940
Coverage of the war in the Mediterranean with the Italian Air Force.
Reportage im Mittelmeer mit der Königlichen Italienischen Luftwaffe.
Reportage boven de Middellandse Zee met de Koninklijke Italiaanse Luchtmacht.
Reportaje en el Mediterráneo con la Regia Aeronáutica Italiana.

1940
A bomber over Malta.
Bombardierungen auf Malta.
Bombardement van Malta.
Acción de bombardeo en Malta.

▲ **1940**
Testing weapons before take off.
Test der Waffen vor dem Abflug.
Het testen van de wapens voor het vertrek.
La prueba de las armas antes salir.

▶ **1940**
"From the heavenly heights: an unforgiving attack". Front cover of "Cronache della Guerra".
"Aus den himmlischen Höhen: der Angriff, der nicht vergibt", Titelblatt von "Cronache della Guerra".
"Vanuit de hoge hemelen: een belediging die niet vergeven wordt", omslag van "Cronache della Guerra".
"De las alturas celestes: la ofensa que no perdona", tapa de "Cronache della Guerra".

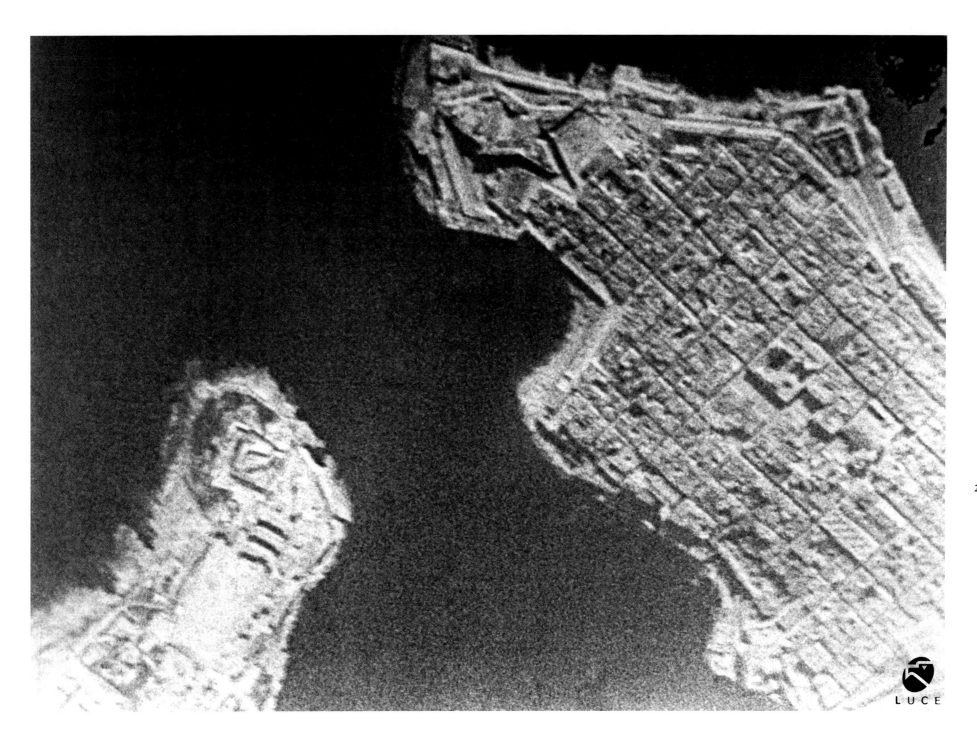

1942
View of the docks in Malta as seen from an Axis aircraft during a dive.
Das Hafengebiet aus der Sicht eines Flugzeugs der Achsenmächte im Sturzflug, Malta.
Het havengebied gezien vanuit een vliegtuig van de As tijdens een duikvlucht, Malta.
La zona portuaria vista desde un avión del Eje durante una picada, Malta.

The American Press
Press: die Presse in den Vereinigten Staaten
Press: de pers in de Verenigde Staten
Press: la prensa en los Estados Unidos

American newspapers did not publish photographs of those who had fallen in battle until almost the end of the conflict.

Die amerikanischen Zeitungen veröffentlichten bis gegen Ende des Krieges keine Fotos mit im Kampf gefallenen Soldaten.

De Amerikaanse kranten publiceerden tot aan het einde van het conflict geen foto's van in de strijd gesneuvelde soldaten.

Los periódicos americanos no publicaron fotografías que representen caídas en combate desde casi el final del conflicto.

1941
Selecting which photos from the front to publish.
Auswahl von Bildern der Front für die Veröffentlichung.
Het kiezen van foto's afkomstig van het front voor publicatie.
Elección de imágenes del frente para la publicación.

▲ Man Ray, 1930
Lee Miller, a model with Man Ray, later became a war photographer. Her shots of the fighting in Brittany and US incendiary bombs were censured.
Lee Miller, vom Modell Man Ray's zur Kriegsfotografin. Ihre Berichte über die Kampagne in der Bretagne und die amerikanischen Brandbombardements wurden zensiert.
Lee Miller, van model van Man Ray tot oorlogsfotografe. Haar reportages over de campagne in Bretagne en de Amerikaanse brandbombardementen werden gecensureerd.
Lee Miller, de modelo de Man Ray a fotógrafa de guerra. Sus servicios sobre la campaña de Bretaña y los bombardeos incendiarios americanos se censuraron.

◀ **1933**
American Associated Press reporter Louis Lochner, at a dinner with Rudolph Hess.
Der Amerikaner Louis Lochner der AP bei einem Abendessen mit Rudolph Hess.
De Amerikaan Louis Lochner van de Ap tijdens een diner met Rudolph Hess.
El americano Louis Lochner del Ap en una cena con Rudolph Hess.

◀ **1939**
Dorothy Thompson was expelled from Nazi Germany in 1939 as a consequence of her articles against Hitler's Regime.
Dorothy Thompson wurde 1939 aufgrund ihrer Artikel gegen das Regime Hitlers aus dem nazistischen Deutschland ausgewiesen.
Dorothy Thompson werd in 1939 uit het nazistische Duitsland gezet wegens haar artikelen tegen het regime van Hitler.
Dorothy Thompson, fue expulsada de Alemania nazista en 1939 por causa de sus artículos contra el régimen hitleriano.

◀ **1939**
Dorothea Lange, whose photographs ranged from the Great Depression to "disapproving" shots of Japanese internees in the so-called American "relocation camps".
Dorothea Lange, von den Fotos der Großen Depression zu den "kritischen" Bildern der japanischen Internierungslager in den USA.
De foto's van Dorothea Lange tonen de grote depressie en "kritische" beelden van de Japanse interneringskampen in de V.S.
Dorothea Lange, de las fotos de la gran depresión a las imágenes "críticas" de los internados japoneses en Usa.

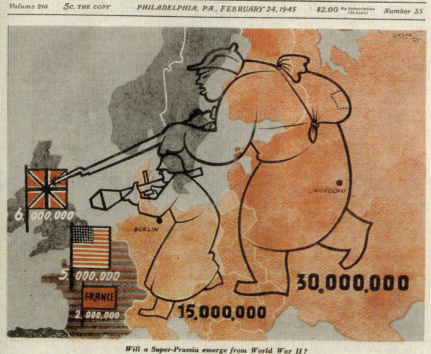

◀ **1945**
Dorothy Thompson's article for "The Saturday Evening Post" that was used as propaganda by the Germans to underline the Communist danger.
Ein Artikel von Dorothy Thompson in "The Saturday Evening Post", der von der deutschen Propaganda benutzt wurde, um die kommunistische Gefahr hervorzuheben.
Een artikel van Dorothy Thompson in de "The Saturday Evening Post" dat door de Duitse propaganda gebruikt werd om het communistische gevaar te benadrukken.
Un artículo de Dorothy Thompson en "The Saturday Evening Post", utilizado por la propaganda alemana para enfatizar el peligro comunista.

1944
Clare Boothe Luce with General Mark Clark.
Clare Boothe Luce mit General Mark Clark.
Clare Boothe Luce met generaal Mark Clark.
Clare Boothe Luce con el general Mark Clark.

▲ 1941
An Allied Press Office.
Presseraum der Alliierten.
Geallieerde perskamer.
Sala de prensa aliada.

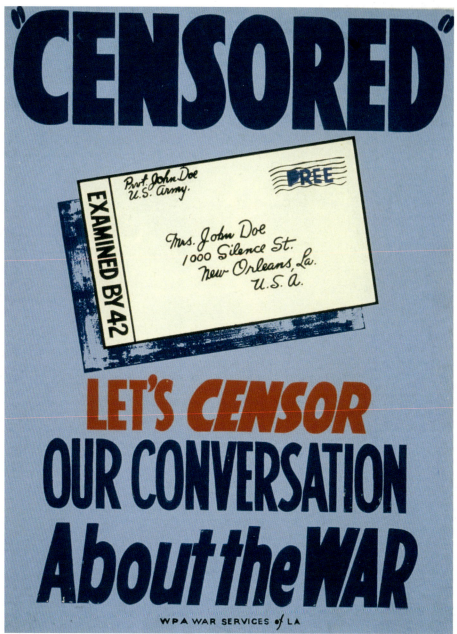

▲ 1941
Post, communications and of course, the press, were all censored.
Zensur der Post, der Kommunikationen und natürlich der Presse.
Censuur van de post, de communicaties en natuurlijk de pers.
Censura en correos, en las comunicaciones y naturalmente en la prensa.

▶ 1943
The New York Times dispatch office.
Raum der Pressemeldungen bei der New York Times.
Berichtenkamer van de New York Times.
Sala de noticias en el New York Times.

17,75 WB, A FELLOW WASHINGTON SWAT SUIT-

CHICAGO, SEPT. 24 -- (AP) -- MEAT PACKING OFFICIALS AFFECTED
BY THE FEDERAL COURT PROCEEDINGS BROUGHT BY THE OFFICE OF PRICE
ADMINISTRATION TO RESTRAIN THEM FROM VIOLATING PRICE CEILINGS BY
"MISLABELING" MEAT DENIED TODAY THAT THEIR COMPANIES HAD EVADED THE
BEEF AND VEAL PRICE CEILINGS SCHEDULE WHICH BECAME EFFECTIVE JULY
1ST. THEY BRANDED THE OPA'S SUITS AS "WITHOUT MERIT."

JOHN HOLMES, PRESIDENT OF SWIFT AND COMPANY, ISSUED THE FOLLOW-
ING STATEMENT:

"INSOFAR AS OUR COMPANY IS CONCERNED, THE SUIT IS ABSOLUTELY
WITHOUT MERIT. SWIFT AND COMPANY, HAS OVER THE YEARS, BUILT A
REPUTATIONS WITHIN THE MEAT TRADE FOR THE QAULITY OF ITS GRADES.

14 TH
IT HAS TRAINED FORCES OF MEN WHOSE LIFE WORK HAS BEEN AND IS
THE GRADING OF MEATS, AND THE RETAIL TRADE HAS COME TO LOOK
UPON OUR GRADES AS STANDARD."

HE SAID SWIFT GRADERS HAVE BEEN EXTREMELY CAREFUL TO COMPLY
WITH OPA REGULATIONS. HE SAID THE OPA CHARGES "ONLY HAVE THE
EFFECT OF PRODUCING DISUNITY AT A TIME WHEN UNITY IS MOST URGENTLY
NEEDED." HE NOTED THAT THE COMPANY HAS SOLD MEAT TO THE ARMY,
NAVY AND LEND LEASE AUTHORITIES TO THEIR COMPLETE SATISFACTION.

THAT THE OPA HAS RECOGNIZED THE COMPLEXITY OF ITS REGULATIONS AND
THE POSSIBILITY OF UNINTENTIONAL VIOLATIONS.

Following a period of apprenticeship with Cecil Beaton, Antoniette (Toni) Frissell, worked for "Harper's Bazaar" before going on to work as a photographer with the US Army.

Antoniette (Toni) Frissell arbeitete nach einer Lehrzeit mit Cecil Beaton (für "Harper's Bazaar", bevor sie im Reporterkorps der US Army diente.

Antoniette (Toni) Frissell werkte na een leerperiode bij Cecil Beaton voor "Harper's Bazaar" voordat ze in het reporterkorps van het Amerikaanse leger dienst nam.

Antoniette (Toni) Frissell, después de un periodo de aprendizaje con Cecil Beaton trabajó para "Harper's Bazaar" antes de prestar servicio en el cuerpo de los reporteros de US Army.

▲ 1944
The photographer Toni Frissell surrounded by children.
Die Fotografin Toni Frissell umgeben von einer Gruppe von Kindern.
De fotografe Toni Frissell omringd door een groep kinderen.
La fotógrafa Toni Frissell rodeada por un grupo de niños.

▶ **Toni Frissell, 1944**
Part of a feature article on the first Afro-Americans to enrol as pilots in the US Air Force.
Reportage über die ersten als Piloten in die US Air Force eingezogenen Afroamerikaner.
Reportage over de eerste Afro-Amerikanen die als piloten in de US Air Force gerekruteerd waren.
Reportaje sobre los primeros afro-americanos alistados como pilotos en la US Air Force.

◀ 1944
Toni Frissell with a US pilot on the wing of a P-51 "Mustang" fighter.
Toni Frissell mit einem amerikanischen Piloten auf dem Flügel eines Jagdflugzeugs vom Typ P-51 "Mustang".
Toni Frissell met een Amerikaans piloot op de vleugel van een jachtvliegtuig P-51 "Mustang".
Toni Frissell con un piloto americano en el ala de un caza P-51 "Mustang".

▶ Toni Frissell, 1944
A P-51 "Mustang" fighter formation in flight.
Fliegerformation von P-51 "Mustangs".
Formaties van P-51 "Mustangs" in de lucht.
Formación de P-51 "Mustang" en vuelo.

The Battle of Britain
Die Schlacht um England
de slag om Engeland
La Batalla de Inglaterra

Radio journalist Charles Gardener, reporting for the BBC in Kent, said, "Look, someone has hit a German plane...he's going down... I can see a long trail of smoke".

„Da hat jemand einen Deutschen getroffen... Er stürzt ab... Man sieht eine lange Rauchfahne", Rundfunkreportage von Charles Gardner aus Kent für die BBC.

"Iemand heeft een Duitser geraakt... hij stort neer... je ziet een lange sliert rook" radioverslag van Charles Gardner uit Kent voor de BBC.

"Ahí alguien golpeó a un alemán... esta precipitando... se ve una larga estela de humo" radiocrónica de Charles Gardner dal Kent para la BBC.

1940
Luftwaffe bombers over London.
Bomber der Luftwaffe über London.
Bommenwerpers van de Luftwaffe boven Londen.
Bombarderos de la Luftwaffe en Londres.

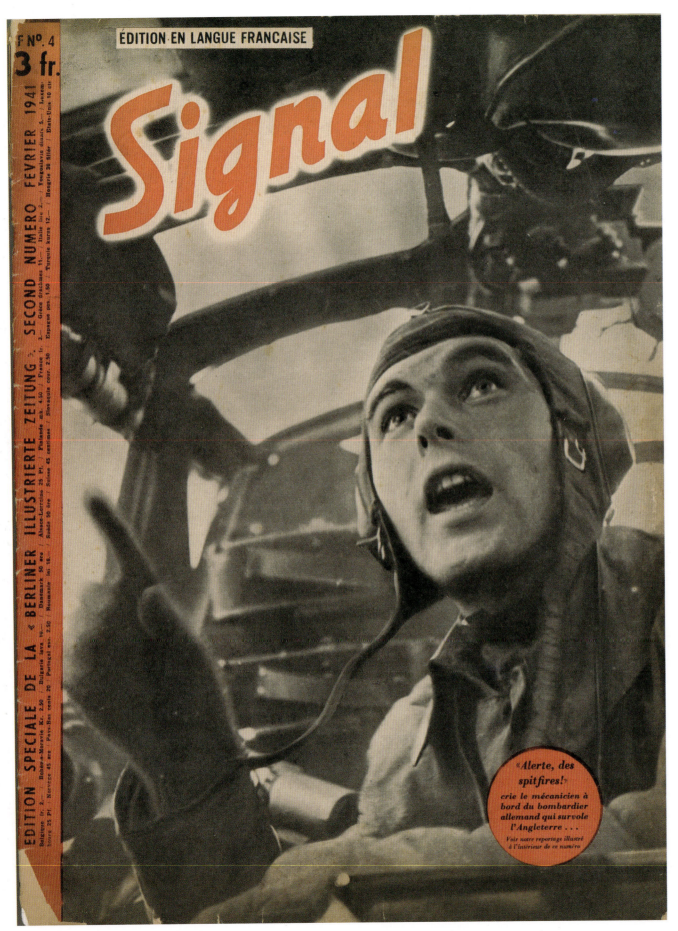

Arthur Grimm, 1940
"Achtung Spitfire". "Signal" magazine's cover on the Battle of Britain.
"Achtung Spitfire", die Schlacht um England auf dem Titelblatt von "Signal".
"Achtung Spitfire" de strijd om Engeland op de omslag van "Signal".
"Achtung Spitfire". La batalla de Inglaterra en la tapa de "Signal".

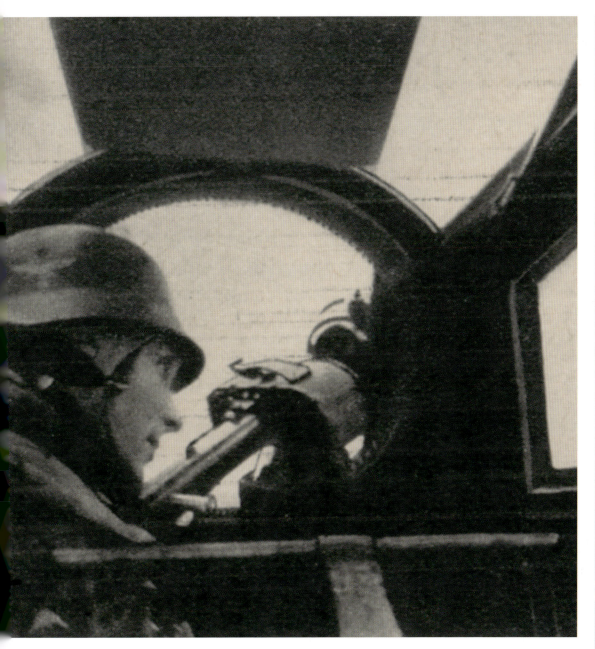

▲ **Arthur Grimm, 1940**
A mission over Britain.
Mission über England.
Missie op Engeland.
Misión en Inglaterra.

▶ **Arthur Grimm, 1940**
Checking the route and distance to the target.
Kontrolle des Kurses und des Abstandes vom Ziel.
Route en afstand van het doel worden gecontroleerd.
Se controlan la ruta y la distancia del objetivo.

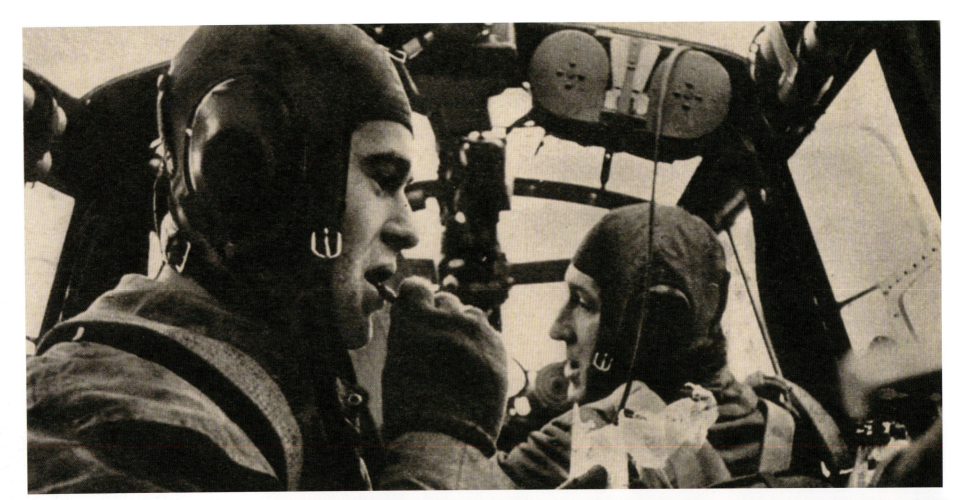

▲ **Arthur Grimm, 1940**
A word with the navigator...
Ein Gespräch mit dem Navigator...
Even praten met de navigator...
Se intercambian dos palabras con el navegador...

▶ **Arthur Grimm, 1940**
...makes time pass more cheerfully.
...und die Zeit scheint heiter zu verstreichen.
...en de tijd lijkt vrolijk te verstrijken.
...y el tiempo parece pasar alegremente.

1940
Waiting for the Luftwaffe. An aircraft spotter on duty.
In Erwartung der Luftwaffe. Flugzeugkontrolldienst.
In afwachting van de Luftwaffe. Luchtcontroledienst.
Esperando la Luftwaffe. Servicio de control aéreo.

300

1940
Action stations, they're coming!
Alarm, sie kommen!
Alarm, ze komen eraan!
¡Alarma, llegan!

◀ **1940**
Anti-aircraft searchlights sweeping the skies on the outskirts of London.
Scheinwerfer der Flugabwehr in der Vorstadt Londons.
Schijnwerpers van de luchtafweer in de buitenwijken van Londen.
Proyectores de la defensa contraaérea en la periferia londinense.

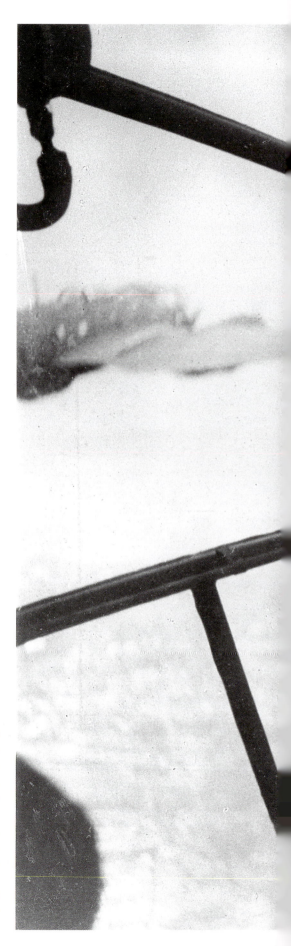

▶ **1940**
The Battle of Britain filmed from a German bomber for a cine-news feature.
Schlacht um England, Aufnahmen aus einem deutschen Bomber für die Kinonachrichten.
Strijd om Engeland, opnames voor de filmjournaals uit een Duitse bommenwerper.
Batalla de Inglaterra, tomas para las noticias en el cine sobre un bombardero alemán.

264

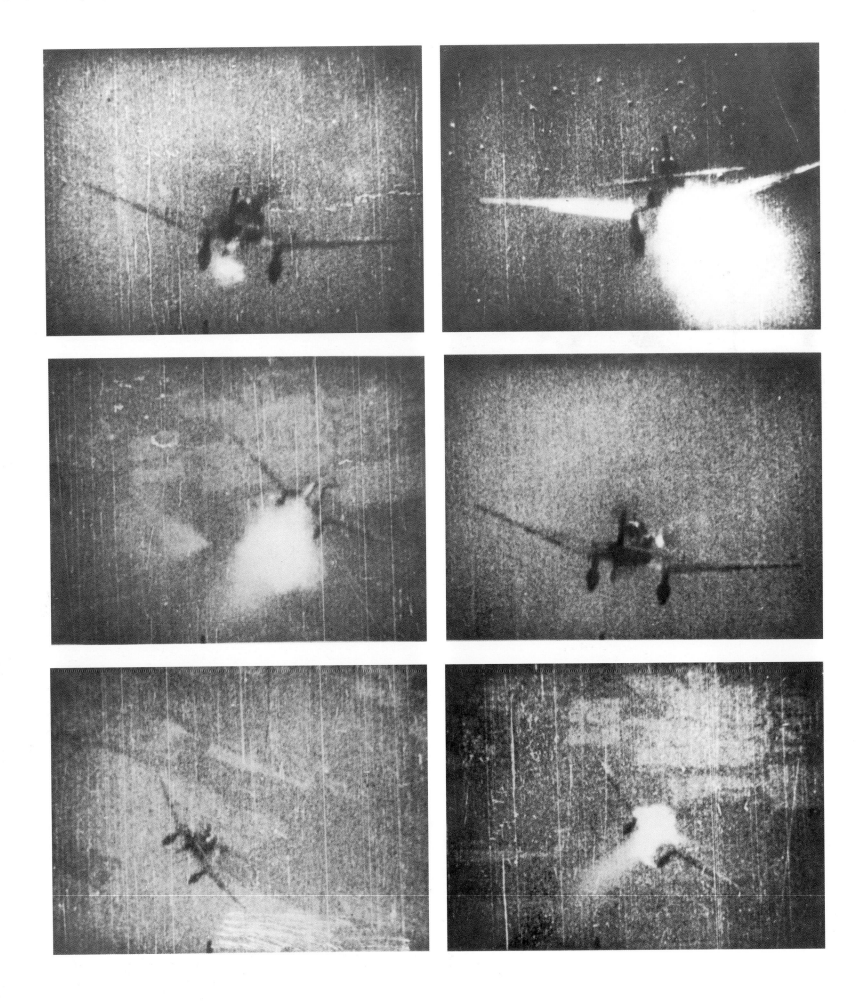

▲ 1943
Eduard Benesch, the President of occupied Czechoslovakia, broadcasting on BBC radio.
Eduard Benesch, Präsident der besetzten Tschecheslowakei spricht über die Mikrophone der BBC.
Eduard Benesch, president van het bezette Tsjechoslowakije, praat voor de microfoons van de BBC.
Eduard Benesch, presidente de Checoslovaquia ocupada, habla por los micrófonos de la BBC.

In 1940 BBC reporter Charles Gardener did a live broadcast about a dog-fight between the RAF and the Luftwaffe in the skies above Dover.

Der Reporter Charles Gardner der BBC kommentierte 1940 live ein Flugzeugduell zwischen der RAF und der Luftwaffe über Dover.

De reporter Charles Gardner van de BBC gaf in 1940 live commentaar bij een luchtduel tussen de Raf en de Luftwaffe in de lucht van Dover.

El reportero Charles Gardner de BBC en 1940 comentó desde el vivo un duelo aéreo entre la Raf y la Luftwaffe en los cielos de Dover.

◄ 1940
A dramatic sequence of photos showing a German Stuka shot down by a British fighter.
Die dramatische Squenz eines von einem englischen Jagdflugzeug abgeschossenen Stuka.
De dramatische sequentie van een door een Engels jachtvliegtuig neergehaalde Stuko.
La dramática secuencia de un Stuka abatido por un caza inglés.

▼ 1940
BBC headquarters in London: British radio was the first to broadcast direct from the front.
Der Sitz der BBC in London: der englische Radiosender verwirklichte die erste Live-Übertragung des Krieges.
Het kantoor van de BBC in Londen: de Engelse radio deed als eerste live verslag van de oorlog.
La sede de la BBC en Londres: la radio inglesa realizó la primera transmisión en directo de guerra.

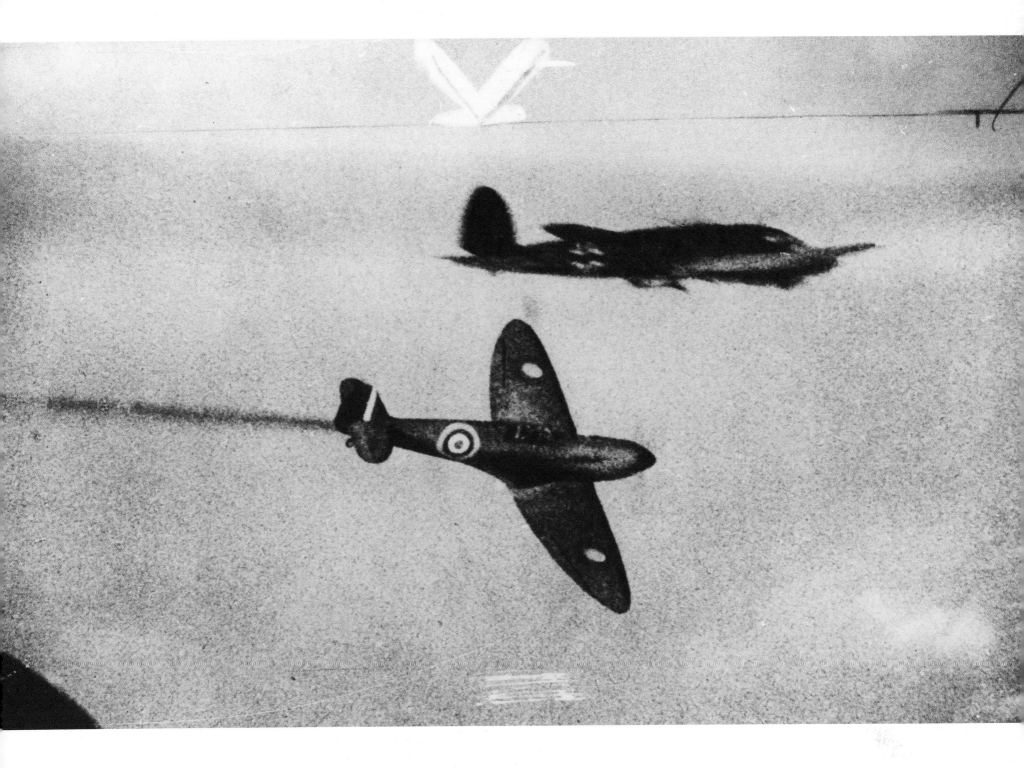

▲ 1940
A dog-fight over Britain: the RAF plane has a problem
Flugzeugduell über England: die RAF in Schwierigkeiten.
Luchtduel boven Engeland: de Raf is in moeilijkheden.
Duelo aéreo sobre Inglaterra: la Raf se encuentra en dificultad.

▶ 1940
Two RAF pilots discussing tactics.
Briefing zweier Piloten der RAF über die Taktiken des Luftkriegs.
Briefing over oorlogstactieken in de lucht voor twee piloten van de Raf.
Briefing sobre las tácticas de guerra aérea para dos pilotos de la Raf.

1940
St. Paul's Cathedral surrounded by fires during a bombing raid.
Die Saint-Pauls-Kathedrale beim Bombenangriff, umgeben von Bränden.
De kathedraal van Saint Paul onder het bombardement, omringd door brand.
La catedral de Saint Paul bajo las bombas, rodeada por los incendios.

1940
A heavy bomb attack not far from Tower Bridge.
Intensive Bombardements in der Nähe der Tower Bridge.
Intens bombardement bij de Tower Bridge.
Intenso bombardeo cerca del Tower Bridge.

◀ **1940**
Winston Churchill (centre) and his daughter Mary, watching to see how the anti-aircraft guns are doing.
Winston Churchill (in der Mitte) und seine Tochter Mary beobachten die Reaktion der Flugabwehrbatterien.
Winston Churchill (in het midden) en zijn dochter Mary observeren de reactie van de luchtafweerbatterijen.
Winston Churchill (en el centro) y la hija Mary observan la reacción de las baterías contraaéreas.

▶ **1940**
The storms of war in Britain from the pages of "Cronache della Guerra".
Sturm über England aus den Seiten von "Cronache della Guerra".
Storm boven Engeland, uit de pagina's van "Cronache della Guerra".
Tempestades en Inglaterra de las páginas de "Cronache della Guerra".

▶ **1940**
"No breaks and no rest" says the "Cronache della Guerra" magazine.
Ohen Rast und Pause in "Cronache della Guerra".
Zonder ophouden en zonder rust, in "Cronache della Guerra".
Sin parar ni descansar en "Cronache della Guerra".

▲ 1940
Primary school children learning about war featured in the January 4th edition of the "Kölnischen Illustrierten Zeitung".
Kriegsunterricht in den Grundschulen, aus der "Kölnischen Illustrierten Zeitung" vom 4. Januar.
Les in oorlog op de lagere school, uit de "Kölnischen Illustrierten Zeitung" van 4 januari.
Lecciones de guerra en las escuelas primarias de "Kölnischen Illustrierten Zeitung" del 4 de enero.

▲ 1940
Evacuees. The "Picture Post" cover story features the children being sent away from the bombing in the cities.
Die evakuierten Kinder verlassen die bombardierten Städte, vom Titelblatt der "Picture Post".
Geëvacueerde kinderen verlaten de gebombardeerde steden, omslag van "Picture Post".
Evacuados, los niños dejan las ciudades bombardeadas, de la tapa del "Picture Post".

1940
A mother takes her children to the train that will take them far away from the city.
Eine Mutter begleitet ihre Söhne zum Zug, der sie weit weg von der Stadt bringen wird.
Een moeder brengt haar kinderen naar de trein die ze wegvoert van de stad.
Una madre acompaña a los hijos al tren que los llevará lejos de la ciudad.

The Battle of the Atlantic
Die Atlantikschlacht
De slag om de Atlantische Oceaan
La batalla del Atlántico

The last submarine battle in the war took place on 5th May 1945. Karl Dönitz, Commander-in-Chief of the Submarine service, ordered all action to cease and all U-boats to return to base, praising their efforts with the words "You have fought like lions".

Der letzte U-Boot-Kampf des Krieges fand am 5. Mai 1945 statt. Der Oberbefehlshaber der Kriegsmarine Karl Dönitz befahl allen U-Booten, ihre Unternehmungen zu stoppen und zur Basis zurückzukehren; er lobte sie mit den Worten: „Ihr habt gekämpft wie die Löwen!".

De laatste onderzeeslag van de oorlog vond plaats op 5 mei 1945. De commandant die aan het hoofd van de duikboten stond, Karl Dönitz, gaf alle U-Boten het bevel de handelingen te staken en naar de basis terug te keren. Hij loofde ze met de zin "Jullie hebben als leeuwen gevochten!".

La última batalla submarina de la guerra se produjo el 5 de mayo de 1945. El Comandante en jefe de los submarinos Karl Dönitz ordenó el cese de las operaciones de todos los U-Boot y el regreso a la base, elogiándolos con la frase: "¡Combatieron como leones!".

Arthur Grimm, 1940
U-boat VII sets sail from Lorient towards the Atlantic. The war at sea is just beginning.
U-Boot VII beim Auslaufen aus Lorient in Richtung Atlantik: der Krieg auf dem Meer hat eben erst begonnen.
De U-Boot VII kiest het zeegat in Lorient in de richting van de Atlantische Oceaan: de zeeoorlog is nog maar net begonnen.
U-Boot VII zarpan de Lorient hacia el Atlántico: la guerra en el mar apenas empezó.

◀ **1940**
The German navy rules the seas.
Die Kriegsmarine beherrscht die Meere.
De Kriegsmarine domineert de zeeën.
La Kriegsmarine domina los mares.

▶ **1940**
A merchant ship in flames on the Atalantic.
Handelsschiff in Flammen im Atlantik.
Brandend handelsschip op de Atlantische Oceaan.
Mercantil en llamas en el Atlántico.

Arthur Grimm, 1940
In the torpedo room. A reportage about U 124, a class IX U-boat.
Die Torpedo-Abteilung. Reportage auf dem U 124, U-Boot-Klasse IX.
De torpedo-afdeling. Reportage over de U 124, U-Boot klasse IX.
La división siluros. Reportaje en el U 124, U-Boot clase IX.

▶ **Arthur Grimm, 1940**
The helmsman in charge of steering. Reportage on U 124, a class XI U-boat.
U-Boot-Matrose beim Manöver. Reportage auf der U 124, U-Boot-Klasse IX.
Manoeuvreerder. Reportage over de U 124, U-Boot klasse IX.
Encargado de las maniobras. Reportaje en el U 124, U-Boot clase IX.

▼ **1942**
A German destroyer on patrol.
Deutscher Torpedobootzerstörer auf See.
Duitse torpedojagers op zee.
Cazatorpedos alemanes en navegación.

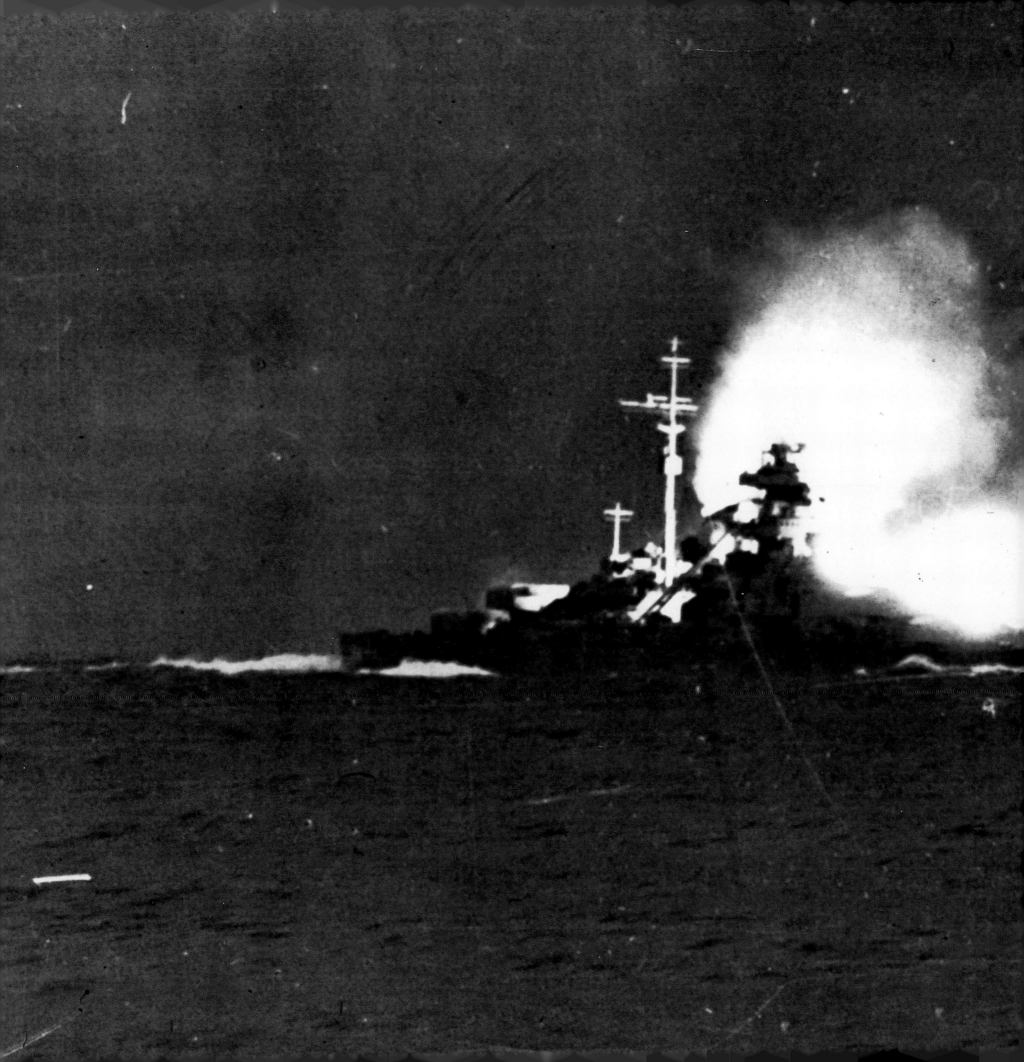

1941
Hunting Bismarck-style - the German Dreadnought opens fire on HMS Hood with its 8, 380/47 cannon.
Jagd auf die Bismark, der deutsche Panzerkreuzer eröffnet mit seinen 8 380/47-Kanonen das Feuer auf die HMS Hood.
Jacht op de Bismark, het Duitse pantserschip opent het vuur op de HMS Hood met haar 8 kanonnen van 380/47.
Caza en el Bismark, el acorazado alemán abre el fuego en el HMS Hood con sus 8 cañones de 380/47.

◀ 1942
A damaged U boat arrives back at base.
Ein beschädigtes U-Boot kehrt zur Basis zurück.
Beschadigde U-boot keert terug naar de basis.
U boot dañado entra en la base.

▶ 1943
A Spitfire on the deck of HMS Vindex, a British escort aircraft carrier.
Ein Spitfire auf der HMS Vindex, einem Unterwasserflugzeugträger.
Een Spitfire op de HMS Vindex, vliegdekschip en duikbootjager.
Un Spitfire embarcado en la HMS Vindex, portaaviones antisumergible.

The attack on Russia
Angriff auf Russland
De aanval op Rusland
El ataque a Rusia

More than 3500 Panzers were deployed on the Eastern Front, split between the three fighting groups involved in the offensive, with the greatest concentration of tanks in the centre group, destined, according to plans, to march along the Minsk-Smolensk-Moscow line.

An der Ostfront wurden über 3500 Panzer eingesetzt; sie waren den drei an der Offensive beteiligten Gruppen der Streitkräfte zugewiesen, wobei die stärkste Panzerkonzentration in der mittleren Grppe zu finden war, die den Plänen nach dafür bestimmt war, an der Linie Minsk-Smolensk-Moskau entlang zu marschieren.

Er werden op het oostfront meer dan 3500 panzer ingezet die aan de drie voor de aanval gebruikte legercorpsen toegekend werden. De middelste groepering, met de grootste concentraties tankwagens, was volgens de plannen bestemd om langs de marsroute Minsk-Smolensk-Moscou te rijden.

En el frente oriental se utilizaron más de 3500 panzer, asignados a los tres grupos de armadas en ofensiva, con una concentración principal de tanques en el grupo central destinado, según los planos, para marchar a lo largo de la directriz Minsk-Smolensk-Moscú.

1941
A Panzer division in Ukraine.
Panzerdivisionen in der Ukraine.
Panzer Divisionen in de Oekraïne.
Panzer Divisionen en Ucrania.

1941
Operation Barbarossa begins.
Das Unternehmen Barbarossa wird gestartet.
Operatie Barbarossa gaat van start.
Se activa la operación Barbarroja.

◀ **1941**
A German soldier.
Deutscher Soldat.
Duitse soldaat.
Soldado alemán.

▶ **Hanns Hubmann, 1941**
The youngest soldier in the "French Legion", a 14 year-old boy serving with the 638th Infantry Regiment.
Der jüngste Soldat der "Französischen Legion": ein 14-jähriger Junge des 638. Infanterieregiments.
De jongste soldaat van het "Franse Legioen": een jongen van 14 van het 638e Infanterieregiment.
El soldado más joven de la "Legión Francesa": un muchacho de 14 años del 638° Regimiento de Infantería.

▲ **Siegfried Lauterwasser, 1941**
Luftwaffe JU 88 bombers flying in formation.
Formation der JU-88-Bomber der Luftwaffe.
Formatie JU 88 bommenwerpers van de Luftwaffe.
Formación de bombarderos JU 88 de la Luftwaffe.

▶ **1941**
It is a "lightening war" in Russia too.
Auch in Russland wütet der Blitzkrieg.
Ook in Rusland is het een bliksemoorlog.
También en Rusia la guerra es relámpago.

1941
A Pak 35/36 in action.
Pak 35/36 im Einsatz.
Pak 35/36 in actie.
Pak 35/36 en acción.

◀ **1941**
A Russian village in flames.
Russisches Dorf in Flammen.
Russisch dorp in vlammen.
Aldea rusa en llamas.

▶ **1941**
Thousands died in the wake of the German offensive.
Tausende starben überwältigt von der deutschen Offensive.
Duizenden stierven, onder de voet gelopen door de Duitse aanval.
Mueren miles arrasados por la ofensiva alemana.

▶ **Karl Arthur Petraschk, 1941**
Stalag 319. The dignity of a Russian prisoner.
Stalag 319. Die Würde eines russischen Gefangenen.
Stalag 319. De waardigheid van een Russische gevangene.
Stalag 319. La dignidad de un prisionero ruso.

Arthur Grimm, 1942
60,000 Russian prisoners of war assembled behind the lines.
60.000 russische Kriegsgefangene hinter den Linien zusammengedrängt.
60.000 Russische krijgsgevangenen massaal achter de linies.
60.000 prisioneros de guerra rusos amontonados detrás de las líneas.

◀ **Arthur Grimm, 1942**
"Teller" mines used against Soviet tanks.
Tellermine gegen sowjetische Panzer.
"Teller"-mijnen tegen de Sovjetische tankwagens.
Mine "Teller" contra los tanques soviéticos.

▶ **Arthur Grimm, 1942**
One of the tank crew with the 201st Panzer Regiment.
Panzergrenadier des 201. Panzerregiments.
Tanksoldaat van het 201e Panzer-Regiment.
Carrista del 201° Panzer-Regiment.

339

Hilmar Pabel, 1942
"What is the point of all these deaths?" The reflections of a German soldier during the Caucasus Campaign.
"Welchen Sinn hat dieses Töten?" Deutscher Soldat während der Kaukasus-Kampagne.
"Wat hebben al deze doden voor zin?" Duits soldaat tijdens de campagne in de Kaukasus.
"¿Qué sentido tienen estos muertos?" Soldado alemán durante la campaña en el Cáucaso.

▶ **Hilmar Pabel, 1942**
German soldiers killed during the Caucasus Campaign.
Im Kaukasus getötete deutsche Sioldaten.
Vermoorde Duitse soldaten in de Kaukasus.
Soldados alemanes matados en el Cáucaso.

◀ **Hilmar Pabel, 1942**
In memory of the soldier Alois Raack, casualty of the Caucasus Campaign.
Kaukasus, in Erinnerung des Soldaten Alois Raack.
Kaukasus, ter herinnering aan soldaat Alois Raack.
Cáucaso, en memoria del soldado Alois Raack.

Russia as seen by German photographers
Russland aus der Sicht der deutschen Fotografen
Rusland gezien door Duitse fotografen
Rusia vista por los fotógrafos alemanes

1943
A child standing in front of a burning village, Russia.
Kind vor einem brennenden Dorf, Russland.
Kind bij een brandend dorp, Rusland.
Niño delante de una aldea en llamas, Rusia.

Walter Frentz, 1941
Children photographed during Himmler's visit to a village in the Ukraine.
Während des Besuchs Himmlers in einem ukrainischen Dorf fotografierte Kinder.
Kinderen gefotografeerd tijdens het bezoek van Himmler aan een Oekraïns dorp.
Niños fotografiados durante una visita de Himmler en una aldea ucraniana.

This photograph, and those that follow, were taken by Frentz during a trip to Ukraine in which he followed Reichsführer Heinrich Himmler around.

Diese und die folgenden Fotografien wurden von Frentz während einer Reise in der Ukraine im Gefolge des Reichsführers Heinrich Himmler geschossen.

Deze en de volgende foto's werden door Frentz tijdens een reis in de Oekraïne gemaakt, waarbij hij deel uitmaakte van eht gevolg van Reichsführer Heinrich Himmler.

Esta y las siguientes fotos sacadas por Frentz durante un viaje en Ucrania, después del Reichsführer Heinrich Himmler.

The child was determined to be Aryan and was apparently kidnapped and sent to Germany along with many others that became part of the "Lebensborn Project".

Das Kind wird als zur arischen Rasse gehörig betrachtet und es scheint, dass es zusammen mit vielen anderen in das Projekt Lebensborn eingegliederten Kindern entführt und nach Deutschland gesandt wurde.

Het kind werd als Arisch beschouwd en naar het schijnt ontvoerd en naar Duitsland gestuurd, samen met vele anderen die in het Project Levensborn opgenomen werden.

El niño se consideró de raza aria y parece que fue secuestrado y enviado a Alemania junto con muchos otros que se introdujeron en el Proyecto Lebensborn.

Walter Frentz, 1941
Himmler and an Ukrainian child.
Himmler und ein ukrainisches Kind.
Himmler en een Oekraïns kind.
Himmler y el niño ucraniano.

Walter Frentz, 1941
Children posing in Himmler's car: one, for fun, is wearing an SS officer's peaked hat.
Kinder posieren im Auto Himmlers; eines von ihnen hat sich einen Offiziershut der SS aufgesetzt.
Kinderen poseren in de auto van Himmler, één draagt voor de grap een officierspet van de SS.
Niños en pose en la máquina de Himmler; uno lleva como juego un sombrero de oficial de la SS.

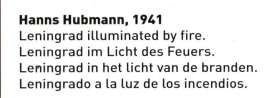

Hanns Hubmann, 1941
Leningrad illuminated by fire.
Leningrad im Licht des Feuers.
Leningrad in het licht van de branden.
Leningrado a la luz de los incendios.

◀ **Hermann Hoeffke, 1942**
Death by poverty in the streets of Kharkov.
Elendstote in den Straßen von Charkow.
Doden door ontstentenis in de straten van Charkow.
Muerte por inanición en las calles de Charkow.

◀ **Hermann Hoeffke, 1942**
The modern skyline of buildings on Dzerzhinski-Platz in Kharkov.
Die moderne Linie der Gebäude am Dzerzhinski-Platz in Charkow.
De moderne woongebouwen van Dzerzhinski-Platz in Charkow.
La moderna línea de los edificios de Dzerzhinski-Platz en Charkow.

▶ **Hermann Hoeffke, 1942**
A young Russian girl holds a baby, Poltava, Ukraine.
Russisches Kind mit einem Neugeborenen, Poltava, Ukraine.
Russisch meisje met baby, Poltava, Oekraïne.
Niña rusa con neonato, Poltava, Ucrania.

Some members of the SS, including General Stroop, featured in the photos that accompanied the report, were recognised and executed after the Nuremberg Trials. Stroop was hanged on 6th March 1952 in the neighbourhood that had been transformed into the ghetto. The boy wearing a cap and with his arms raised could be Tsvi Nussbaum who managed to survive the death camps. The SS photographer who took the photographs remained anonymous.

Einige neben General Stroop in den Berichtfotos abgebildete Angehörige der SS, wurden erkannt und nach dem Nürnberger Prozess hingerichtet. Stroop wurde am 6. März 1952 an dem Ort, wo das Ghetto entstanden war, erhängt. Der Junge mit dem Hut und den erhobenen Händen könnte Tsvi Nussbaum sein, der es schaffte, die Vernichtungslager zu überleben. Der SS-Fotograf, der die Fotos gemacht hatte, blieb anonym.

Behalve Generaal Stroop werden enkele SS-ers, die op de bij het rapport gevoegde foto's staan, na Neurenberg herkend en terechtgesteld. Stroop werd op 6 maart 1952 opgehangen op de plaats waar het getto stond. De jongen met de hoed en de handen in de lucht zou Tsvi Nussbaum kunnen zijn, die de vernietigingskampen overleefde. De fotograaf van de SS, auteur van de beelden, bleef anoniem.

Algunos SS retractadas en las fotos que acompañan el informe, además del General Stroop, se reconocieron y ajusticiaron después de Núremberg. Stroop fue ahorcado el 6 de marzo de 1952 en el lugar donde surgió el gueto. El niño con el sombrero y las manos levantadas podría ser Tsvi Nussbaum que logró sobrevivir a los campos de exterminio. El fotógrafo de la SS, autor de las imágenes permaneció anónimo.

1943
"The Jewish district of Warsaw no longer exists!" A photo from the report Jürgen Stroop sent to Himmler in May 1943.
"Das Judenviertel von Warschau existiert nicht mehr!" Foto aus dem von Jürgen Stroop im Mai 1943 an Himmler gesandten Bericht.
"De joodse wijk van Warschau bestaat niet meer!" Foto uit het verslag dat Jürgen Stroop in mei 1943 naar Himmler stuurde.
"¡El barrio hebraico de Varsovia ya no existe!" Foto del informe de Jürgen Stroop enviado a Himmler en mayo de 1943.

Photographers with the Red Army and the Battle of Stalingrad
Die Fotografen der Roten Armee und die Schlacht von Stalingrad
De fotografen van het Rode Leger en de slag om Stalingrad
Los fotógrafos de la Armada Roja y la batalla de Stalingrado

"I looked for God in every ditch, every destroyed house, every corner, every comrade, whether I was in a trench or up in the sky. God never showed himself, not even when my heart was shouting out to him...", from "Last Letters from Stalingrad".

"Ich habe Gott in jedem Graben, jedem zerstörten Haus, jeder Ecke, jedem meiner Kameraden gesucht, als ich im Schützengraben lag, und im Himmel. Gott hat sich nicht gezeigt, als mein Herz nach ihm schrie...", aus "Letzte Briefe aus Stalingrad".

"Ik heb God gezocht in iedere sloot, in ieder verwoest huis, op iedere hoek, in iedere kameraad, toen ik in de loopgraven was, en in de lucht. God heeft zich niet laten zien toen mijn hart om hem schreeuwde...", door "Laatste brieven uit Stalingrad".

"Busqué Dios en cada fosa, en cada casa destruida, en cada rincón, en cada uno de mis camaradas, cuando estaba en la trinchera y en el cielo. Dios no se mostró, cuando mi corazón le gritaba...", de "Las Últimas cartas desde Stalingrado".

1942
German soldiers fighting in the streets of Stalingrad.
Deutsche Soldaten kämpfen in den Straßen von Stalingrad.
Duitse soldaten vechten in de straten van Stalingrad.
Soldados alemanes combaten en las calles de Stalingrado.

▶ **Dimitrij Baltermans, 1942**
Russian mothers crying for their sons who had died in battle, Kertsch.
Russische Mütter beweinen ihre auf dem Schlachtfeld gefallenen Söhne, Kertsch.
Russische moeders huilen om hun zonen die op het slagveld gesneuveld zijn, Kertsch.
Madres rusas lloran por sus hijos caídos en el campo de batalla, Kertsch.

◀ **Evgenij Chaldej, 1943**
A very young Soviet soldier killed by the Germans, Rostov-on-Don.
Sehr junger, von den Deutschen getöteter sowjetischer Soldat, Rostow am Don.
Zeer jonge door de Duitsers vermoorde Russische soldaat, Rostov aan de Don.
Jovencísimo soldado soviético matado por los alemanes, Rostov sul Don.

Georgi Zelma, 1942
Stalingrad: The Red Army takes back the Red October tractor factory, a symbol of the Russian resistance.
Stalingrad, die Rote Armee erobert die Traktorfabrik "Roter Oktober" zurück, Symbol des russischen Widerstands.
Stalingrad, het Rode Leger herovert de tractorfabriek Rode Oktober, symbool van het Russische verzet.
Stalingrado, la Armada Roja reconquista la fábrica de tractores Octubre Rojo, símbolo de la resistencia rusa.

▲ 1942
PK photographer Benno Wundshammer in Stalingrad.
Der PK-Fotograf Benno Wundshammer in Stalingrad.
De fotograaf van de PK Benno Wundshammer in Stalingrad.
El fotógrafo de la PK Benno Wundshammer en Stalingrado.

▶ 1942
A Pak 35/36 cannon fires on Soviet troops.
Eine Kanone vom Typ Pak 35/36 feuert auf sowjetische Posten.
Een kanon van het type Pak 35/36 opent het vuur op de Sovjetstellingen.
Un cañón del tipo Pak 35/36 abre fuego hacia las posiciones soviéticas.

357

Georgi Zelma, 1942
Fires in the ruins of Stalingrad.
Brände auf den Ruinen von Stalingrad.
Brandende ruïnes van Stalingrad.
Incendios sobre las ruinas de Stalingrado.

▲ **1942**
Stalingrad, a Luftwaffe Junkers Ju 52.
Stalingrad, Junkers Ju 52 der Luftwaffe.
Stalingrad, Junkers Ju 52 van de Luftwaffe.
Stalingrado, Junkers Ju 52 de la Luftwaffe.

▶ **1942**
Evacuation of the wounded by the Luftwaffe.
Evakuation von Verletzten mit Flugzeugen der Luftwaffe.
Evacuatie van gewonden met vliegtuigen van de Luftwaffe.
Evacuación de heridos con los aviones de la Luftwaffe.

1943
Russians attacking the last German airport still operational.
Die Russen beim Angriff auf den letzten deutschen Flughafen.
De Russen vallen het laatste Duitse vliegveld aan.
Los rusos al asalto del último aeropuerto alemán.

Знамя Победы над площадью Павших Борцов
The Banner of Victory over the square of Fallen Heroes

◀ **1943**
Death of a partisan.
Tod einer Partisanin.
Dood van een verzetsstrijdster.
Muerte de una partisana.

▲ **1943**
2nd February. The Red flag is waved over a liberated Stalingrad.
2. Februar. Die rote Fahne weht über dem befreiten Stalingrad.
2 februari. De rode vlag wappert boven het bevrijde Stalingrad.
2 de febrero. La bandera roja flamea en Stalingrado liberada.

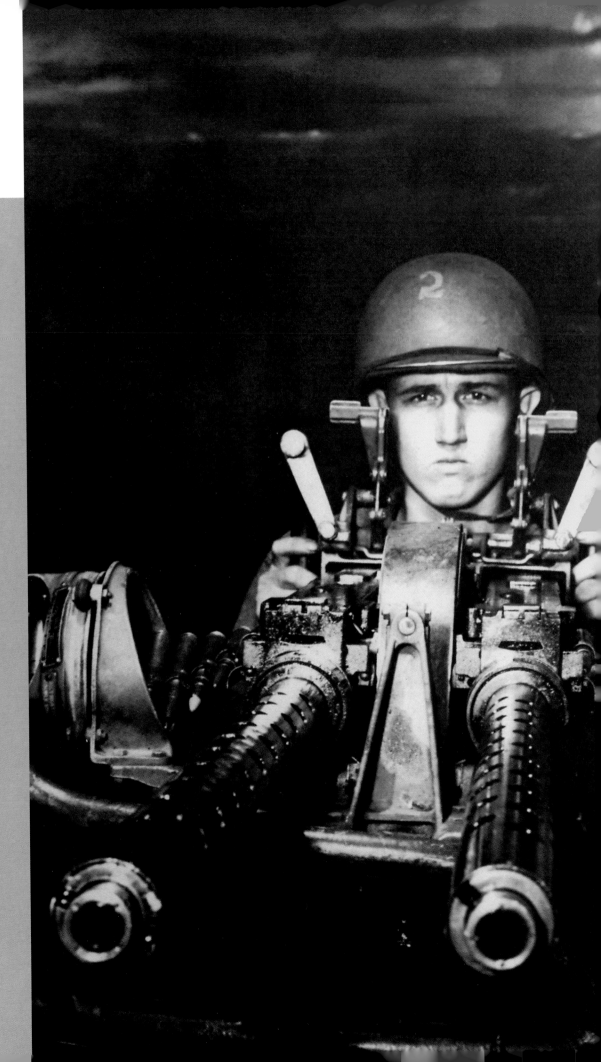

America enters the war
Amerika greift in den Krieg ein
Amerika neemt deel aan de oorlog
América entra en la guerra

After Pearl Harbor, American illustrated magazines had a real need for live images of the war so that they could show readers where their "fighting boys" were and what they were doing.

Nach Pearl Harbor benötigten die Reportagen der Fernsehsendungen in Amerika Bilder von den aktuellen Kriegsgeschehnissen, um den Lesern zu zeigen, wo ihre Jungs waren und was sie taten.

Na Pearl Harbor hadden de tijdschriften grote behoefte aan reële oorlogsbeelden om de lezers te laten zien waar de jongens in dienst waren en wat ze deden.

Después de Pearl Harbor los rotograbados americanos tuvieron una verdadera necesidad de imágenes del vivo de la guerra, para mostrar a los lectores dónde estaban y qué harían los muchachos alistados.

1943
A US Navy Machine Gunner on guard duty in the sea off New Guinea.
MG.Schütze der US-Navy während der Wache in den Gewässern von Neuguinea.
Mitrailleur van de US Navy tijdens de wacht, wateren van Nieuw Guinea.
Metralleros de la US Navy durante el turno de guardia, aguas de la Nueva Guinea.

1941
7th December. The US base in Pearl Harbor is bombed by the Japanese.
7. Dezember. Die amerikanische Basis von Pearl Harbor unter japanischer Bombardierung.
7 december. De Amerikaanse basis van Pearl Harbor onder het Japanse bombardement.
7 de diciembre. La base americana de Pearl Harbor, bajo el bombardeo japonés.

1941
Japanese pilots.
Japanische Piloten.
Japanse piloten.
Pilotos japoneses.

1941
Pearl Harbor, the USS Arizona in flames following the Japanese attack.
Pearl Harbor, die USS Arizona in Flammen nach dem japanischen Angriff.
Pearl Harbor, de USS Arizona in brand na de Japanse aanval.
Pearl Harbor, la USS Arizona en llamas después del ataque japonés.

◀ **1939**
The crew of an American tank.
Amerikanische Panzergrenadiere.
Amerikaanse tanksoldaten.
Carristas americanos.

◀
Following the debut flight of the B-17 "Flying Fortress", the New York Times commented, "We have the world's best-looking bomber".
"Wir haben den schönsten Bomber der Welt", so kommentierte die New York Times vom 28. Juli 1935 den ersten Flug des B-17 "Flying Fortress".
"We hebben de mooiste bommenwerper ter wereld", zo becommentarieerde de New York Times van 28 juli 1935 de eerste vlucht van de B-17 "Vliegend Fort".
"Tenemos el más bello bombardero del mundo", así el New York Times del 28 de julio de 1935 comentó el primer vuelo del B-17 "Flying Fortress".

1941
Franklin Delano Roosevelt
President of the United States for four consecutive terms, from 1933 to 1945.
Franklin Delano Roosevelt, Präsident der Vereinigten Staaten für 4 aufeinander folgende Mandate, von 1933 bis 1945.
Franklin Delano Roosevelt, President van de Verenigde Staten gedurende 4 achtereenvolgende mandaten, van 1933 tot 1945.
Franklin Delano Roosevelt, Presidente de los Estados Unidos por 4 mandatos consecutivos, de 1933 a 1945.

From North Africa to the failure of the Dieppe landings
Von Nordafrika zur missglückten Landung bei Dieppe
Van Noord-Afrika tot de mislukte ontscheping in Dieppe
Del Norte de África al fracasado desembarque en Dieppe

This photograph was taken using a tank carcass as a prop and by posing German prisoners.

Dieses Foto wurde mit dem Wrack eines Panzers und deutschen Gefangenen als Komparsen gemacht.

Deze foto werd gemaakt met gebruik van het karkas van een tankwagen en met Duitse gevangenen als figuranten.

Esta foto fue realizada utilizando la carcasa de un tanque y de los prisioneros alemanes como figurantes.

1942
An attack by the British 8th Army.
Die 8. britische Armee beim Angriff.
VIIIe Engelse Vloot ten aanval.
La VIII Armada inglesa al ataque.

1942
An Afrika Korps motorbike with sidecar: the arrival of the Germans in North Africa to help the Italians, turned the war into a blitzkrieg in the desert.
Sidecar des Afrikakorps: die Ankunft der Deutschen in Nordafrika zur Unterstützung der Italiener verwandelte den Krieg in einen *Blitzkrieg* in der Wüste.
Sidecar van het Afrika Korps: de aankomst van de Duitsers in Noord-Afrika, die de Italianen te hulp schoten, veranderde de oorlog in een *blitzkrieg* in de woestijn.
Sidecar del Afrika Korps: la llegada de los alemanes en el Norte de África en ayuda a los italianos transformó la guerra en una *blitzkrieg* en el desierto.

1942
An Afrika Korps armoured car in El Agheila.
Panzerwagen des Afrikakorps in El Agheila.
Pantservoertuig van het Afrika Korps in El Agheila.
Medio acorazado del Afrika Korps en El Agheila.

▲ 1942
Erwin Rommel in his "Horch" in Africa.
Erwin Rommel in Afrika an Bord seines "Horch".
Erwin Rommel, in Afrika aan boord van zijn "Horch".
Erwin Rommel, en África, a bordo de su "Horch".

▶ 1942
The British 8th Army advances under enemy fire.
Die 8. britische Armee rückt unter feindlichem Feuer vor.
De VIIIe Engelse Vloot vaart door onder vijandelijk vuur.
La VIII Armada británica avanza bajo el fuego enemigo.

◀ 1940
General Erwin Rommel with a Leica.
General Erwin Rommel mit einer Leica.
Generaal Erwin Rommel met een Leica.
El General Erwin Rommel con una Leica.

The Allies attempted to land in Dieppe purely to satisfy the Soviet request to open up a new front, but it was a disaster.

Die Alliierten organisierten den Landungsversuch in Dieppe, um die sowjetische Forderung nach Eröffnung einer neuen Front zu befriedigen, aber das Unternehmen wurde zu einer Katastrophe.

De Geallieerden organiseerden de poging tot ontscheping te Dieppe om aan het verzoek van de Sovjets te voldoen, die om de opening van een nieuw front vroegen, maar het werd een ramp.

Los Aliados organizan el tentativo de desembarque a Dieppe para responder al pedido soviético de apertura de un nuevo frente, pero fue un desastre.

1942 Dieppe
Assault on the French coast, the "Daily Telegraph", 19th August 1942.
Angriff auf die französische Küste, "Daily Telegraph" vom 19. August 1942.
Aanval op de Franse kust, "Daily Telegraph" van 19 augustus 1942.
Asalto a la costa francesa, "Daily Telegraph" del 19 de Agosto de 1942.

◀ **1942 Dieppe**
British armoured vehicles abandoned on the beach.
An einem Strand zurückgelassene englische Panzerwagen.
Op het strand achtergelaten Engelse pantservoertuigen.
Blindados ingleses abandonados en la playa.

▼ **1942 Dieppe**
The body of an Allied soldier killed during the landings.
Der Leichnam eines während der Landung gefallenen alliierten Soldaten.
Het lichaam van een geallieerde soldaat, gesneuveld tijdens de ontscheping.
El cuerpo de un soldado aliado caído durante el desembarque.

The bombings in Europe and the war in Italy
Das bombardierte Europa und der Krieg in Italien
Europa onder de bombardementen en de oorlog in Italië
Europa bajo las bombas y la guerra en Italia

A B-17 "Flying Fortress" during a mission.
Eine B-17 "Fliegende Festung" bei einer Mission.
Een "Vliegend Fort" B-17 tijdens een missie
Una "Fortaleza volante" B-17 durante una misión.

The Second World War

What these aerial photographs never showed the pilots, was the horror of civilian victims killed during carpet bombing raids.

Was die Luftbilder den Piloten nie zeigten, waren die Schrecken der von den teppichartigen Bombardements getöteten Zivilopfer.

Dat wat de luchtfoto's de piloten nooit lieten zien, was de verschrikking van de burgerslachtoffers die door de systematische bombardementen om het leven kwamen.

Lo que las fotos aéreas no mostraron nunca a los pilotos fue el horror de las víctimas civiles matadas por los bombardeos estratégicos.

1943
A child victim of the bombing of Hamburg.
Ein Kind, Opfer der Bombardierungen von Hamburg.
Meisje, slachtoffer van de bombardementen op Hamburg.
Una niña víctima de los bombardeos de Hamburgo.

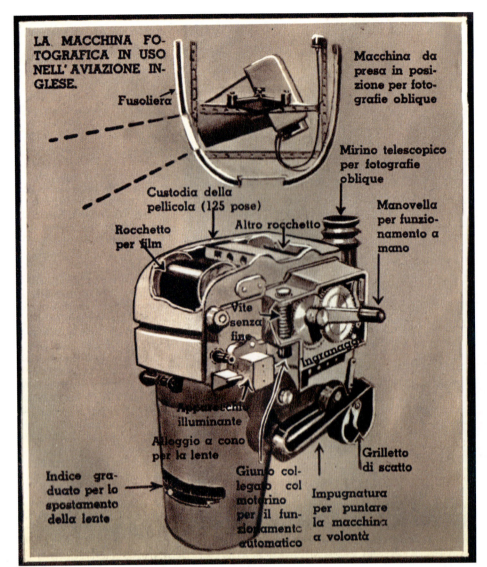

▲ 1942
A camera used for aerial photography.
Fotoapparat für Luftaufnahmen.
Fototoestel voor luchtfoto's.
Máquina para fotografías aéreas.

▲ 1942
Developing photos taken from bombers.
Die Entwicklung der von den Bombern aufgenommenen Fotos.
De ontwikkeling van de foto's die uit de bommenwerpers genomen zijn.
La revelación de las imágenes tomadas por los bombarderos.

◀ **1944**
A formation of American "Flying Fortresses".
Formation amerikanischer "Flying Fortress" ("Fliegende Festungen").
Formatie van Amerikaanse vliegende forten.
Formación de Fortalezas volantes americanas.

▼ **1942**
A B-17 during a bombing raid.
Eine B-17 während eines Bombenangriffs.
Een B-17 tijdens een bombardement.
Un B-17 durante una acción de bombardeo.

◀ **1942**
General George A. Patton: from North Africa to Sicily.
General George A. Patton, von Nordafrika nach Sizilien.
Generaal George A. Patton, van Noord-Afrika tot Sicilië.
El General George A. Patton, del Norte de África a Sicilia.

▲ **1943**
The Allied landings in Messina on the front cover of "Parade".
Landung der Alliierten in Messina auf dem Titelblatt von "Parade".
Geallieerde ontscheping in Messina, op de eerste pagina van de "Parade".
Desembarque aliado en Messina en la primera página de "Parade".

◀ **1943**
Plasma for a US soldier wounded during the fighting in Sicily.
Plasma für einen beim Kampf in Sizilien verletzten Soldaten der USA.
Plasma voor een Amerikaanse soldaat die bij de gevechten in Sicilië gewond geraakt is.
Plasma para un soldado Usa herido en un combate en Sicilia.

▲ 1943
Italy surrenders: Italian soldiers taken prisoner by the Germans in Rome.
Italien kapituliert: von den Deutschen gefangen genommene italienische Soldaten in Rom.
Italië geeft zich over: Italiaanse soldaten in Rome zijn door de Duitsers gevangen genomen.
Italia se rinde: soldados italianos en Roma prisioneros de los alemanes.

◀ 1943
8th September: the "Corriere della Sera" announces the armistice in Italy.
8. September, Nachricht des Waffenstillstands im italienischen "Corriere della Sera".
8 september, in Italië verschijnt het nieuws van de wapenstilstand in de "Corriere della Sera".
8 de septiembre, en Italia la noticia del armisticio en el "Corriere della Sera".

1943
Mussolini is rescued from atop the Gran Sasso by Otto Skorzeny's parachutists.
Mussolini auf dem Gran Sasso befreit von den Fallschrimspringern von Otto Skorzeny.
Mussolini wordt op de Gran Sasso bevrijd door de parachutisten van Otto Skorzeny.
Mussolini liberado en el Gran Sasso por los paracaidistas de Otto Skorzeny.

▲ 1943
Rescuing of Mussolini in an illustration by Hans Liska published in "Signal".
Die Befreiung Mussolinis auf einem Bild von Hans Liska in "Signal".
De bevrijding van Mussolini in een tekening van Hans Liska in "Signal".
La liberación de Mussolini en una lámina de Hans Liska en el "Signal".

▲ 1944
"Der Kamerad", the newspaper for German soldiers in Italy.
"Der Kamerad", Zeitung der deutschen Soldaten in Italien.
"Der Kamerad", krant van de Duitse soldaten in Italië.
"Der Kamerad", periódico de los soldados alemanes en Italia.

388

1944
The Abbey of Montecassino after the Allied bombardment on 15th February.
Die Abtei von Montecassino nach den Bombardements der Alliierten vom 15. Februar.
De abdij van Montecassino na het geallieerde bombardement van 15 februari.
La Abadía de Montecassino después del bombardeo aliado del 15 de febrero.

1944
Fighting in the town of Cassino.
Kampfhandlungen in der Ortschaft Cassino.
Gevechten tussen de huizen van Cassino.
Combates en el poblado de Cassino.

1944
Old acquaintances. A German war correspondent and his British counterpart meet up in Cassino during a break in the fighting.
Alte Bekannte in Cassino. Ein deutscher und ein englischer Kriegskorrespondent treffen sich in einer Kampfpause.
Oude kennissen in Cassino. Een Duitse en een Engelse oorlogscorrespondent komen elkaar tegen tijdens een pauze van de gevechten.
Viejos conocidos en Cassino. Un corresponsal de guerra alemán y uno inglés se encuentran en una pausa de los combates.

1944
German parachute troops fighting in the ruins of the Abbey.
Deutsche Fallschirmspringer kämpfen in den Ruinen der Abtei.
Duitse parachutisten vechten tussen de ruïnes van de abdij.
Paracaidistas alemanes combaten entre las ruinas de la Abadía.

▲ 1944
A young German Para, Nettuno.
Neptun, ein junger deutscher Fallschirmspringer.
Een jonge Duitse parachutist, Nettuno.
Un joven paracaidista alemán, Nettuno.

◀ 1944
Children in Naples.
Kinder in Neapel.
Kinderen in Napels.
Niños en Nápoles.

▲ 1944
The liberation of Rome on the front cover of "Crusader".
Die Befreiung von Rom auf der ersten Seite der "Crusader".
De bevrijding van Rome op de eerste pagina van de "Crusader".
La liberación de Roma en la primera página de "Crusader".

▲ 1944
The Allied advance: the taking of Siena as reported in the "Union Jack".
Vormarsch der Alliierten, die Einnahme von Siena auf den Seiten der "Union Jack".
Geallieerde opmars, de inname van Siena op de pagina's van de "Union Jack".
Avanzada aliada, la toma de Siena en las páginas de "Union Jack".

▶ 1944
British advance troops in a road in Florence.
Englische Vorhut in einer Straße von Florenz.
Engelse voorhoedes in een straat van Florence.
Avanzadas inglesas en una calle de Florencia.

The war in the Pacific
Der Pazifikkrieg
De oorlog in de Stille Oceaan
La guerra en el Pacífico

Admiral Chester Nimitz found himself having to rebuild an entire naval force that had been swept away by the Japanese attack on Pearl Harbor. In just four years he managed to defeat an enemy force that was far superior in terms of the number of weapons and men.

Admiral Chester Nimitz sah sich gezwungen, eine ganze von den Japanern in Pearl Harbor zerstörte Seestreitkraft wiederaufzubauen und schaffte es innerhalb von nur vier Jahren, einen zu Beginn zahlen- und waffenmäßig deutlich überlegenen Gegner zu besiegen.

Admiraal Chester Nimitz moest opnieuw een hele zeemacht construeren die door de Japanners in Pearl Harbor verwoest was. Binnen slechts vier jaar slaagde hij erin om een vijand te verslaan die aanvankelijk duidelijk sterker was, zowel wat aantal wapens als aantal mannen betrof.

El almirante Chester Nimitz tuvo que reconstruir toda una fuerza naval arrasada por los japoneses en Pearl Harbor y sólo en cuatro años logró derrotar a su enemigo que al inicio era netamente superior como número de armamentos y de hombres.

1940
Soldiers from the Land of the Rising Sun advance in Asia.
Die Armee der Aufgehenden Sonne rückt in Asien vor.
Het leger van de rijzende zon rukt op in Azië.
El ejército del Sol naciente avanza en Asia.

◀ **1942**
US navy aircraft carriers: the American and Japanese fleets face each other with no quarter asked or given.
Flugzeugträger der amerikanischen Marine: die Flotte der USA und der Japaner stehen sich in einem Kampf auf Leben und Tod gegenüber.
Vliegdekschip van de Amerikaanse marine: de Amerikaanse en de Japanse vloot leveren een strijd op leven en dood.
Portaaviones de la Marina americana: la flota USA y la nipona se enfrentan en una lucha sin límites.

▶ **1942**
An American aircraft carrier under attack during the Battle of Santa Cruz.
Amerikanischer Flugzeugträger unter Beschuss während der Schlacht von Santa Cruz.
Amerikaans vliegdekschip wordt aangevallen tijdens de slag van Santa Cruz.
Portaaviones americano bajo combate durante la batalla de Santa Cruz.

▲ 1941
Images of the Japanese at war by artist Walter Molino published in "La Domenica del Corriere".
Der Krieg der Japaner aus der Sicht von "La Domenica del Corriere" und Zeichner Walter Molino.
De oorlog van de Japanners gezien door "La Domenica del Corriere" en de tekenaar Walter Molino.
La guerra de los japoneses vista por "La Domenica del Corriere" y por el diseñador Walter Molino.

▶ 1942
A Japanese destroyer is hit by a US Navy submarine.
Ein von einem U-Boot der US-Navy getroffener japanischer Torpedobootzerstörer.
Japanse torpedojager getroffen door een onderzeeër van de Us Navy.
Cazatorpedos japonés golpeado por un submarino de la Us Navy.

◀ 1942
The Captain of an American submarine looks through his periscope.
Der Kapitän eines amerikanischen U-Boots schaut durch das Periskop.
De commandant van een Amerikaanse onderzeeboot kijkt door de periscoop.
El comandante de un sumergible americano mira a través del periscopio.

▶ 1943
20th November: the retaking of Tarawa begins.
20. November: die Wiedereroberung von Tarawa beginnt.
20 november: de herovering van Tarawa gaat van start.
20 de noviembre: inicia la reconquista de Tarawa.

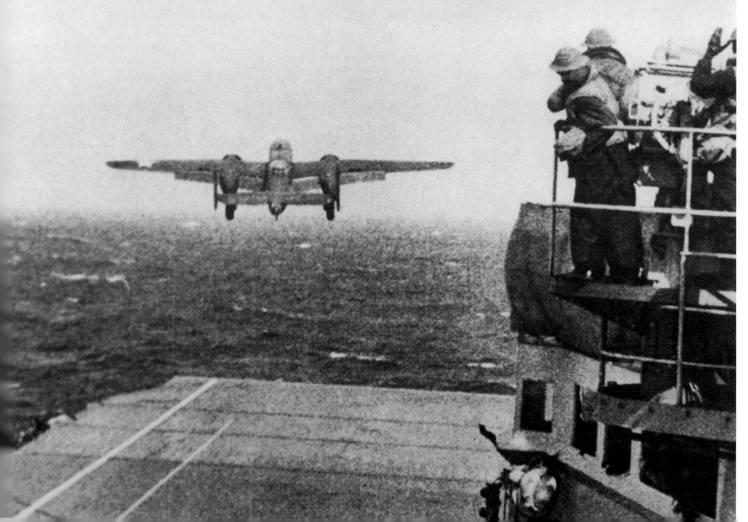

◀ 1942
B-25 "Mitchell" bombers commanded by Colonel Jimmy Doolittle, take off from the USS Hornet for their first bombing raid on Tokyo.
B-25 "Mitchell", angeführt von Oberst Jimmy Doolittle, beim Abflug vom USS Hornet zur ersten Bombardierung von Tokio.
B-25 "Mitchell", bestuurd door Jimmy Doolittle, bij het opstijgen van de USS Hornet voor het eerste bombardement van Tokyo.
B-25 "Mitchell", guiados por el coronel Jimmy Doolittle, en el despegue de la USS Hornet para el primer bombardeo de Tokyo.

1943
Pilots from the aircraft carrier USS Lexington.
Piloten des Flugzeugträgers USS Lexington.
Piloten van het vliegdekschip USS Lexington.
Pilotos del portaaviones USS Lexington.

◀ **1943**
An F6 "Hellcat" makes an emergency landing on the deck of the USS Enterprise.
Notlandung einer F6 "Hellcat" auf der Brücke der USS Enterprise.
Noodlanding van een F6 "Hellcat" op de brug van de USS Enterprise.
Aterrizaje de emergencia de un F6 "Hellcat" sobre el puente de la USS Enterprise.

▶ **1943**
The landing at Yellow Beach Two on Butaritari Island.
Landung auf Yellow Beach Two, Butaritari-Atoll.
Ontscheping op Yellow Beach Two, Butaritari atol.
Desembarque en la Yellow Beach Two, atolón de Butaritari.

▲ **1943**
The 1st Marine Division in Cape Gloucester, New Britain.
Die 1. Division der Marine in Cape Gloucester, Neubritannien.
De 1e Divisie Mariniers in Cape Gloucester, Nieuw Brittannië.
La 1° División Marines en Cape Gloucester, Nueva Bretaña.

▶ **1943**
P-40 fighters and B-24 "Liberator" bombers.
Jäger P-40 und Bomber B-24 "Liberator".
P-40 jachtvliegtuig en B-24 "Liberator" bommenwerpers.
Caza P-40 y bombarderos B-24 "Liberator".

◀ **1944**
The USS Iowa in action, firing its 16 inch guns.
Die USS Iowa mit ihren 16-Zoll-Geschützen im Einsatz.
De USS Iowa in actie met haar kannonen van 16 duim.
La USS Iowa en acción con sus cañones de 16 pulgadas.

▶ **1944**
A Marine post during the liberation of New Britain.
Posten der Marines während der Befreiung Neubritanniens.
Stelling van de mariniers tijdens de bevrijding van Nieuw Brittannië.
Posición de los Marines durante la liberación de Nueva Bretaña.

▶ **1944**
US Marine raiders, Bougainville, Solomon Islands.
Angreifer der US-Marines, Bougainville, Salomoninseln.
Raiders van de Amerikaanse mariniers, Bougainville, Salomon eilanden.
Incursores de los US Marines, Bougainville, islas Salomón.

▲ 1944
A "Sherman" tank provides infantry support, Bougainville, Solomon Islands.
Ein Panzer vom Typ "Sherman" zur Verstärkung der Infanterie, Bougainville, Salomoninseln.
Een tankwagen van het type "Sherman" ter ondersteuning van de infanterie, Bougainville, Salomon eilanden.
Un tanque tipo "Sherman" en apoyo a la infantería, Bougainville, islas Salomón.

◄ 1944
The 7th Division in action on Kwajalein Island.
Die 7. Division im Einsatz auf dem Kwajalein-Atoll.
De VIIe Divisie in actie op Kwajalein Island.
La VII División en acción en Kwajalein Island.

▶ 1944
The tired face of a marine, the Marshall Islands.
Das angestrengte Gesicht eines Marinesoldaten, Marshallinseln.
Het vermoeide gezicht van een marinier, Marshall eilanden.
El rostro cansado de un marine, islas Marshall.

▼ 1944
A Japanese Mitsubishi "Zero" fighter, shot down on a Pacific Island.
Abgeschossener japanischer Mitsubishi-Jäger "Zero" auf einer Pazifikinsel.
Japans Mitsubishi "Zero" jachtvliegtuig, neergehaald op een eiland van de Stille Oceaan.
Caza japonés Mitsubishi "Zero" abatido en una isla del Pacífico.

From D-Day to Paris
Vom D-Day bis Paris
Van D-Day tot Parijs
Del D-Day a París

1944
6th June: the Allied invasion of Europe begins.
6. Juni: die Invasion Europas seitens der Alliierten beginnt.
6 juni. De invasie van Europa door de Geallieerden gaat van start.
6 de junio. Inicia la invasión de Europa por parte de los Aliados.

"The war will be won or lost on the beach (...). Believe me, Lang, the first twenty-four hours of the invasion will be decisive: for the Allies and for Germany, it will be the longest day". Erwin Rommel to his aide-de-camp.

"Der Krieg wird am Strand verloren oder gewonnen.(...) Glauben Sie mir, Lang, die ersten 24 Stunden der Invsaion werden entscheidend sein: sowohl für die Alliierten als auch für Deutschland wird das der längste Tag sein." Erwin Rommel zu seinem Feldadjutant.

"De oorlog zal op het strand gewonnen of verloren worden.(...) Gelooft u mij, Lang, de eerste vierentwintig uur van de invasie zullen doorslaggevend zijn: zowel voor de Geallieerden als voor Duitsland zal het de langste dag zijn." Erwin Rommel tegen zijn adjudant te velde.

"La guerra se vencerá o perderá en la playa.(...) Me crea, Lang, las primeras veinticuatro horas de la invasión serán decisivas: para los Aliados, como para Alemania, ese será el día más largo." Erwin Rommel a su ayudante de campo.

▲ 1944
6th June: Omaha Beach, a blood, soaked shore.
6. Juni: Omaha Beach, der von Blut durchtränkte Strand.
6 juni: Omaha beach, het bebloede strand.
6 de junio: Omaha beach, la playa ensangrentada.

▶ 1944
5th June, General Dwight D. Eisenhower in Great Britain.
General Dwight D. Eisenhower am 5. Juni in Großbritannien.
Generaal Dwight D. Eisenhower in Groot-Brittannië op 5 juni.
El General Dwight D. Eisenhower en Gran Bretaña el 5 de junio.

▲ 1944
Rommel is killed by a British fighter, a false scoop by the "Daily Mirror".
Rommel von den britischen Jägern getötet: ein falscher Scoop im "Daily Mirror".
Rommel vermoord door het Engelse jachtvliegtuig, een valse scoop in de "Daily Mirror".
Rommel matado por el caza inglés, un falso scoop en el "Daily Mirror".

The General was only injured in the air attack, but he was forced to "commit suicide" only a few weeks later because of his involvement in the failed attempt on Hitler's life on 20th July.

Der General wurde bei dem Flugzeugangriff nur verwundet; wenige Wochen später war er jedoch gezwungen, aufgrund seiner Beteiligung an dem misslungenen Attentat auf Hitler vom 20. Juli Selbstmord zu begehen.

De generaal bleek tijdens de luchtaanval alleen gewond geraakt te zijn maar werd enkele weken later gedwongen om "zelfmoord te plegen" wegens zijn betrokkenheid bij de mislukte aanslag van 20 juli op Hitler.

El general sólo fue herido en el ataque aéreo, pero fue obligado a "suicidarse" pocas semanas después por causa de su participación en el fracasado atentado a Hitler del 20 de julio.

▲ 1944
The death mask of Field Marshall Rommel, buried with full military honours.
Die Totenmaske des Feldmarschalls Rommel, mit militärischen Ehren begraben.
Het dodenmasker van veldmaarschalk Rommell, begraven met militaire eer.
La máscara mortuoria del mariscal de campo Rommell, sepultado con los honores militares.

▲ 1944
American infantry soldiers with a captured enemy flag.
Amerikanische Infanterie mit einer eroberten Fahne des Feindes.
Amerikaanse infanterie met een van de vijand gestolen vlag.
Infantería americana con una bandera capturada al enemigo.

◀ 1944
An improvised grave for a dead US soldier.
Improvisiertes Grab für einen amerikanischen Gefallenen.
Geïmproviseerd graf voor een Amerikaanse gevallene.
Tumba improvisada para un caído americano.

▲ **Karl Arthur Petraschk, 1944**
Tank commander Michael Wittmann wearing his Iron Cross with oak leaves.
Panzergrenadier Michael Wittmann, ausgezeichnet mit dem "Eisenkreuz mit Eichenlaub".
Michael Wittmann tanksoldaat gedecoreerd met het "ijzeren kruis met eikenblad".
Michael Wittmann carrista decorado con la "Cruz de Hierro con Hojas de Roble".

▲ **Karl Arthur Petraschk, 1944**
Michael Wittmann on the Russian front with his Tiger tank and crew.
Michael Wittmann mit seiner Besatzung und der Panzer Tiger an der russischen Front.
Michael Wittmann met zijn bemanning en de Tigre tank aan het Russische front.
Michael Wittmann con su equipo y el tanque Tigre en el frente ruso.

◀ **Karl Arthur Petraschk, 1944**
A column of British tanks destroyed by Michael Wittmann and his crew.
Von Michael Wittmann und seiner Besatzung zerstörte Kolonne britischer Panzer.
Colonne Engelse tanks die door Michael Wittmann en zijn bemanning verwoest zijn.
Convoy de tanques ingleses destruido por Michael Wittmann y su equipo.

Wittmann became a war hero in the June of 1944 when, as Commander of the 2nd Company of the SS-Panzerkorp, it took just one hour to destroy 21 British tanks and a further 28 armoured vehicles near the village of Villers-Bocage.

Wittmann wurde im Juni 1944 zum Kriegshelden, als er beim Ort Villers-Bocage als Befehlshaber der zweiten Kompanie des 1. SS-Panzerkorps in nur einer Stunde 21 Panzer und weitere 28 Panzerwagen der Briten zerstörte.

Wittmann werd in juni 1944 een oorlogsheld toen hij, aan het hoofd van de tweede compagnie van de I SS-Panzerkorp, binnen slechts een uur 21 Britse tankwagens en nog eens 28 pantservoertuigen bij het dorp Villers-Bocage verwoestte.

Wittmann se transformó en un héroe de guerra en junio de 1944 cuando, al comando de la segunda compañía del I SS-Panzerkorp, en sólo una hora destruyó 21 tanques y otros 28 vehículos británicos en la aldea de Villers-Bocage.

◀ **Karl Arthur Petraschk, 1944**
The crew of a British tank killed in combat.
Im Kampf gefallene englische Panzergrenadiere.
Engelse tanksoldaten gesneuveld in de strijd.
Carristas ingleses muertos en combate.

◀ **1944**
Allied soldiers in front of the Eiffel Tower in August.
August, alliierte Soldaten unter dem Eiffelturm.
Augustus, geallieerde soldaten aan de voet van de Eiffeltoren.
Agosto, soldados aliados debajo de la Torre Eiffel.

▶ **1944**
American armoured carrier with the Arc de Triomphe in the background.
Amerikanischer Panzerwagen in Paris, dahinter der Triumphbogen.
Amerikaans pantservoertuig in Parijs, met daarachter de Arc de Triomphe.
Blindado americano en París, detrás el Arco del Triunfo.

413

Resistance and armed revolt
Widerstand und bewaffnete Revolte
Verzet en gewapende opstand
Resistencia y rebelión armada

"My dear parents, my dear brother, I will be shot at 11 a.m. along with my companions. We will die with a smile on our lips because it will be for the most beautiful ideal of all. Right now, I feel that I have lived an entire lifetime. I die for France and regret nothing. (...)" Lucien Legros, 8th February 1943, Paris.

"Meine lieben Eltern, mein lieber Bruder, um 11 Uhr werde ich zusammen mit meinen Kameraden erschossen. Wir werden mit einem Lächeln auf den Lippen sterben, denn es geschieht für das schönste aller Ideale. Zu dieser Stunde habe ich das Gefühl, ein vollständiges Leben gelebt zu haben. Ich sterbe für Frankreich und bereue nichts. (...)" Lucien Legros, Paris, 8. Februar 1943.

"Mijn lieve ouders, lieve broer, ik zal om 11 uur gefusilleerd worden met mijn compagnons. We zullen met een glimlach op de lippen sterven want het is voor het mooiste ideaal. Ik heb nu het gevoel dat ik een volledig leven geleefd heb, Ik sterf voor Frankrijk en ik heb nergens spijt van. (...)" Lucien Legros, Parijs, 8 februari 1943.

"Mis queridos padres, mi querido hermano, seré fusilado a las 11 con mis compañeros. Moriremos con la sonrisa en los labios porque es por el más bello ideal. Tengo la sensación en este momento de haber vivido una vida completa. Muero por Francia y no me arrepiento de nada. (...)" Lucien Legros, París 8 de febrero 1943.

1942
27 young militants in the Resistance are put on trial.
Prozess von 27 jungen Widerstandskämpfern.
Proces aan 27 jonge militanten van het Verzet.
Proceso a 27 jóvenes militantes de la Resistencia.

◄ A partisan places explosive to blow up the railway lines.
Ein Widerstandskämpfer platziert einen Sprengkörper, um die Eisenbahnlinie zu sprengen.
Een verzetstrijder plaatst een bom om de spoorlijn op te blazen.
Un partisano está colocando un mecanismo para hacer explotar la línea ferroviaria.

▶ 1942
A young French partisan put on trial by the Germans.
Von den Deutschen prozessierter, junger französischer Partisan.
Jonge Franse verzetstrijder wordt door de Duitsers vervolgd.
Joven partisano francés procesado por los alemanes.

▶ 1943
"Pantagruel", another underground newssheet published by the French Resistance.
"Pantagruel", eine weitere Geheimzeitung des französischen Widerstands.
"Pantagruel", een ander clandestien blad van het Franse verzet.
"Pantagruel", otra hoja de prensa clandestina de la Resistencia francesa.

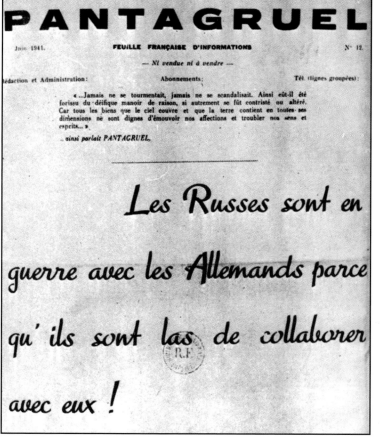

▲ 1942
"Combat", the clandestine paper put out by the French Resistance.
"Combat", die geheime Zeitung des französischen Widerstands.
"Combat", clandestiene krant van het Franse verzet.
"Combat", periódico clandestino de la Resistencia francesa.

1944
"L'Affiche Rouge", an anti-partisan poster aimed at discrediting the "Manouchian group".
Das "Affiche Rouge" (das "Rote Plakat"), Poster gegen den Widerstand, zur Diskreditierung der "Manouchian-Gruppe".
"Affiche rouge", poster tegen verzetstrijders om de "Manouchian groep" in diskrediet te brengen.
El "Affiche rouge", manifiesto anti-partisano para desacreditar al "grupo Manouchian".

1944
Young French partisan with an officer in the Resistance.
Junge französische Partisanin mit einem Offizier des Widerstands.
Jonge Franse verzetstrijdsters met een officier van het Verzet.
Joven partisana francesa con un oficial de la Resistencia.

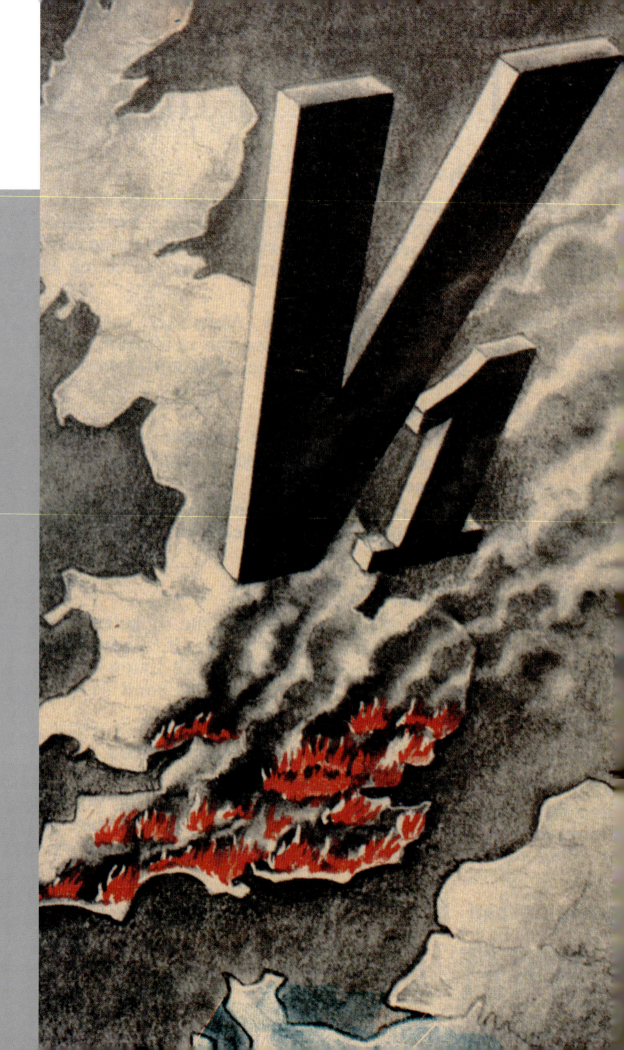

The final illusions of the Reich:
secret weapons, Bastogne and Arnheim
Die letzten Illusionen des Reichs:
die Geheimwaffen, Bastogne und Arnheim
De laatste illusies van het Reich:
de geheime wapens, Bastogne en Arnhem
Las últimas ilusiones del Reich:
las armas secretas, Bastogne y Arnheim

1944
German poster showing a V1 over Britain.
V1 über England, deutsches Plakat.
V1 boven Engeland, Duits affiche.
V1 sobre Inglaterra, manifiesto alemán.

1944
A V1 dive bombing central London.
V1 im Sturzflug über dem Zentrum von London.
V1 in duikvlucht boven het centrum van Londen.
V1 en picada en el centro de Londres.

▲ 1944
The United States 60th Infantry Division in Belgium.
Die 60. Division der amerikanischen Infanterie in Belgien.
De 60e Amerikaanse Infanterie in België.
El 60° Infantería americana en Bélgica.

◄ 1944
A US infantry soldier on the battlefield.
Amerikanischer Infanteriesoldat auf dem Schlachtfeld.
Amerikaans infanterist op het slagveld.
Infante americano en el campo de batalla.

▲ **1945**
The 289th United States Infantry makes its way through a forest in Belgium.
Die 289. Division der amerikanischen Infanterie durchquert die Wälder Belgiens.
De 289e Amerikaanse Infanterie in het bos in België.
El 289° Infantería americana a través de la selva de Bélgica.

▶ **1944**
German prisoners in Bastogne.
Deutsche Gefangene in Bastogne.
Duitse gevangenen in Bastogne.
Prisioneros alemanes en Bastogne.

424

◀ **Georg Schödl, 1944**
British paratroopers who died when Operation Market Garden failed.
Nach dem Fehlschlag des Unternehmens Market Garden gefallene, englische Fallschirmspringer.
Gesneuvelde Engelse parachutisten na de mislukking van de operatie Market Garden.
Paracaidistas ingleses caídos después de la fracasada operación Market Garden.

▶ 1944
A German soldier in the Ardennes.
Deutscher Soldat, Ardennen.
Duitse soldaat, Ardennen.
Soldado alemán, Ardenne.

The downfall of the Gods: from the siege of Berlin to the Nuremberg Trials
Der Fall der Götter: von der Belagerung Berlins zum Nürnberger Prozess
De val van de Goden: van het beleg van Berlijn tot het proces van Neurenberg
La caída de los Dioses: del sitio de Berlín al proceso de Núremberg

The lens of this Soviet reporter following the Red Army, seems to have perfectly captured the Wagnerian dimension of the tragedy unfolding in Berlin.

Das Objektiv des Sowjetreporters im Gefolge der Roten Armee scheint die Wagnerische Dimension der Tragödie, die sich in Berlin abspielt, perfekt zu erfassen.

Het doel van de Sovjetreporter die het Rode Leger volgt, lijkt te bestaan uit het perfect vastleggen van de Wagneriaanse omvang van de tragedie die zich in Berlijn afspeelt.

El objetivo del reportero soviético, tras la Armada Roja, parece capturar perfectamente la dimensión wagneriana de la tragedia que está sucediendo en Berlín.

Georgij Petrussow, 1945
Berlin: all that remains of the Reichstag, seat of the German parliament.
Berlin: Überreste des Reichstags, Kanzleramtssitz des Reichs.
Berlijn: dat wat overblijft van de Reichstag, zetel van de Kanselarij van het Reich.
Berlín: lo que queda del Reichstag, sede de la Cancillería del Reich.

Vol. 2, No. 147, Monday, April 30, 1945   ITALY EDITION ★ ★ TWO LIRE

MUSSOLINI EXECUTED

5th Enters Milan; 7th In Munich

Brazilians Take Nazi Division

(BULLETIN) WITH THE 15TH ARMY GROUP, April 29 — The 56th London Division of the British 8th Army, headed by the famous 169th Queens Brigade, has entered Venice.

The 2nd New Zealand Division has reached the Piave River, scene of Italy's greatest victory in World War I.

WITH THE 15TH ARMY GROUP, April 29 — Organized German resistance in Italy was crumbling today under the paralyzing blows of two Allied Armies, gathering momentum for the knockout punch and there were signs that the complete disintegration of the German Armies had begun.

Dramatic developments were disclosed in tonight's communique.

Milan has been entered by 5th Army troops.

Negotiations were in progress for the surrender of the Ligurian Army formerly commanded by Marshal Rodolfo Graziani, now a prisoner and under Allied military control.

The 148th German Infantry Division surrendered to the Brazilian Expeditionary Force, delivering up
(Continued on Page 8)

Patriots Claim Fall Of Treviso, Turin

ROME, April 29 — Radio Milan from all indications firmly in the hands of Italian Patriots, claimed the liberation of Turin and of the province of Treviso, in northeast Italy today, Reuter's reported.

The radio announcement said that Turin had been liberated by the Partisans, and all its military barracks occupied.

General Mark W. Clark, 15th Army Group Commander, broadcast the following instructions to the Partisans:

"You must by all means prevent the Germans from carrying out the destruction of industrial plants and machinery," General Clark said. "On this task depends the future of Italy."

The signal for a general rising of North Italian Partisans was given by Field Marshal Sir Harold R. L. G. Alexander, Allied commander in chief in Italy through the National Liberation Committee, the Milan Radio disclosed.

Himmler Statement Hints Hitler Death

SAN FRANCISCO, April 29 (UP) — The possibility that Heinrich Himmler may have killed Hitler, as cynical evidence to the Allies of his "good faith" in desiring to surrender Germany, was suggested in diplomatic quarters here today.

A high British source revealed first evidence in what was regarded in San Francisco as a desperate attempt by Himmler to save his own skin. These quarters assert that Himmler advised the Allies through Stockholm that Hitler "may not live another 24 hours."

The timing of the message was such that many believe Hitler may already be dead at the hands of his once trusted lieutenant.

Berlin 90 Percent In Russian Hands

MOSCOW, April 29 — The Red Army is now battling for a May Day victory in Berlin — 90 percent of which, according to United Press, is in Russian hands.

With less than 24 hours to go before the eve of the great Soviet holiday, Marshals Gregory Zhukov and Ivan Koniev have launched a crushing all-out assault on the center of the city where the Germans are now hemmed into an area roughly covering the oldest part of the Reich capital.

The Moabit section of Berlin, northwest of the Wilhelmstrasse, fell to the Red Army tonight, according to the Soviet communique.

The German High Command, gambling everything on the possibility of a last-minute "split" developing between the West and East Front Allies, has withdrawn its troops facing U. S. forces on the
(Continued on Page 8)

Yanks Push Into Shrine Of Nazism

SHAEF, April 29 — Munich, fourth largest city of Germany and birthplace of Nazism, was entered by troops of the 6th Army Group tonight. Entry into the great Bavarian city after a 20-mile advance from the west, was made by elements of Lt. Gen. Alexander M. Patch's U. S. 7th Army from the north and southwest.

Initial dispatches did not tell of any fighting within the city which for the past two days had been wracked by unrest and revolt.

Earlier today American armies had been reported converging on the city in an 80-mile arc extending from the northeast to the southwest, and dispatches tonight told of the liberation by the U. S. 3rd Army of 27,000 Allied prisoners of war from a camp at Moosburg on the Isar River, 27 miles northeast of Munich. A great number of those freed prisoners were reported to be American airmen.

There has been no indication yet that Allied Armies have reached the most notorious of German concentration camps at Dachau, eight miles northwest of Munich.

The situation within Munich remained uncertain following an apparent attempt yesterday by a group identifying itself as the "Free Bavarian Movement" and led by General Ritter von Epp, Hitler's 75-year-old commissioner for Bavaria, to take over the city's government.

Reuter's reported that a radio using the city's wave length had told of revolt within the city, and had called upon the advancing Allies to bomb Field Marshal Albert C. Kesselring's headquarters near Munich.

Later, Reuter's said, the south
(Continued on Page 8)

Patriots Also Kill Aides, Mistress

ROME, April 29 — Benito Mussolini has been executed by Italian Patriots, Radio Milan, voice of the Committee of National Liberation of Northern Italy, said today.

The Radio said Mussolini was executed last night along with a number of his henchmen and his mistress.

Two British war correspondents, Christopher Lumby, of the London Times, and Stephen Barber, of the London News Chronicle, who went into Milan in advance of Allied troops, reported today that they had personally seen the bodies of Mussolini and 17 of his henchmen on display in the Piazza Loreto. They said that crowds of Italians swarmed to view the bodies, and revile them.

The correspondents reported that Mussolini and others, after having been captured near Lake Como, were taken to the village of Giulano di Mezzegere nearby. There they were tried and executed at 1620 hours on Saturday, April 28. Their bodies were carried in trucks to Milan for public display on the same spot where just a year ago 15 Patriots were executed.

Rome newspapers, like Il Giornale del Mattino and Libera Stampa, spread the news in bold, black headlines. Over all Rome quickly the report travelled, and crowds gathered around every newstand and great excitement stirred the people. At a rally being held near Piazza Venezia in honor of the northern Patriots, loud cheering greeted the announcement.

Radio Milan did not give details of the executions, nor of the summary trial which must have preceded them. Italians in Rome believed Mussolini and his followers were stood against a wall and shot by a firing squad of Partisans.

Among the others mentioned as executed were Alessandro Pavolini, Carlo Scorza, Fernando Messasona, Goffredo Coppola, Nicola Bombacci and Claretta Petacci, mistress of Mussolini.

Pavolini was probably the chief Fascist among them. He was once Mussolini's propaganda minister. As one of a group of seven in the Fascist Grand Council, he used
(Continued on Page 8)

BENITO MUSSOLINI
Reviled In Death

Nazi Civilians Get Diet One-Third of GIs

SHAEF, April 29 — German civilians will be allowed a diet about one-third that of American soldiers and slightly more than half the standard for liberated Europe, it was announced here today, according to Reuter's.

The majority of Germans will be allowed 1,150 calories daily as compared with the 4,000 daily of American soldiers and with the consumption of between 2,500 and 3,000 in the U. S., and that of 2,000 which is the standard of the liberated countries.

Truman To Tell When Nazis Fall

WASHINGTON, April 29 — Official confirmation of a German collapse—when and if it comes—will be proclaimed in person by President Harry S. Truman in a message over all radio networks, Stephen T. Early, presidential secretary, announced last night.

Early's announcement was made after the nation had broken out in a pandemonium of joy and exultation over a false report from San Francisco that Germany had surrendered.

Meanwhile, Secretary of State Edward R. Stettinius Jr. and Russian Commissar for Foreign Affairs V. M. Molotov met in a surprise session late yesterday to consider the contents of a note from Marshal Stalin to President Truman and Prime Minister Churchill.

The note, according to a Reuter's dispatch, recommended that the offer of Heinrich Himmler, chief of all Nazi defenses, to surrender Germany to the U. S. and Great Britain, be rejected.

That such an offer had been made was "confirmed in responsible Soviet quarters," Tass, the Soviet news agency, said it had been "authorized to state."

Reports from Washington and London that said that Himmler's offer had been turned down because only unconditional surrender to all three major powers would be acceptable.

The Soviet view, according to Reuter's, as expressed in Marshal Stalin's note was that Himmler might not have sufficient authority to make such an offer and that no surrender talks should be started before Nazi armed might is completely annihilated.

The Russians, Reuter's reported, are said to be determined that the Nazis should not have the slightest justification or the appearance of justification for a repetition of German propaganda after World War I that Germany could have fought on but agreed to give up.

The peace story which originated in San Francisco yesterday touched off celebrations which did not end until long after President Truman announced that rumors about the end of the war in Europe were groundless.

Radio networks throughout the
(Continued on Page 8)

1945

30th April, the papers report the death of "Il Duce", who had been executed two days earlier.

30. April: Die Zeitungen melden den zwei Tage zuvor erfolgten Tod des Duce.

30 april, de kranten brengen het bericht van de dood van de Duce, die twee dagen eerder plaatsgevonden had.

30 de abril, los periódicos llevan la noticia de la muerte del Duce, sucedida dos días antes.

1945
Milan: the bodies of Benito Mussolini and Claretta Petacci, executed by the Partisans.
Mailand: die Leichname von Benito Mussolini und Claretta Petacci, die von den Partisanen hingerichtet wurden.
Milaan: de lichamen van Benito Mussolini en Claretta Petacci die door de partizanen terechtgesteld zijn.
Milán: los cuerpos de Benito Mussolini y Claretta Petacci ajusticiados por los partisanos.

▶ **1945**
German prisoners.
Deutsche Gefangene.
Duitse gevangenen.
Prisioneros alemanes.

▲ **1945**
British war correspondents in front of a map showing the progress of the Allied offensive.
Englische Kriegskorrespondenten, auf einer Landkarte die Fortschritte der Offensive der Alliierten.
Engelse oorlogscorrespondenten, op een kaart de vooruitgang van het geallieerde offensief.
Corresponsales de guerra ingleses, en un mapa los progresos de la ofensiva Aliada.

▶ **1945**
Eisenhower with Generals Patton and Bradley in a telephoto taken by the Signal Corps.
Auf einem Telefoto des Signal Corps, Eisenhower mit den Generälen Patton und Bradley.
Op een telefoto van het Signal Corps, Eisenhower samen met de generaals Patton en Bradley.
En una telefoto del Signal Corps, Eisenhower junto con los generales Patton y Bradley.

The Second World War

▼ 1945
Allied forces take the bridge over the Rheine at Remagen.
Die von den Alliierten eroberte Rheinbrücke in Remagen.
De brug over de Rijn bij Remagen, door de Geallieerden veroverd.
El puente sobre el Rin en Remagen, conquistado por los Aliados.

1945
In cities throughout Germany, the fighting is street-by-street.
In den deutschen Städten wird jede Straße umkämpft.
In de Duitse steden wordt straat per straat gevochten.
En las ciudades alemanas se combate calle por calle.

1945
Hitler with young soldiers from the Hitler Youth.
Hitler mit jungen Kämpfern der Hitlerjugend.
Hitler met jonge strijders van de Hitlerjugend.
Hitler con jóvenes combatientes de la Hitlerjugend.

Benno Wundshammer, 1945
Very young German soldiers with anti-tank weapons (panzerfaust): thousands died in the final defence of Nazi Germany.
Sehr junge deutsche Soldaten mit Panzerfaust: Tausende starben bei der Verteidigung in extremis des nazistischen Deutschlands.
Zeer jonge Duitse soldaten met antitankwapens (panzerfaust): ze stierven bij duizenden in een extreme poging het nazistische Duitsland te verdedigen.
Jovencísimos soldados alemanes con armas antitanque (panzerfaust): miles murieron en la extrema defensa de la Alemania nazista.

▲ 1945
"Panzerbär", the newspaper for the last members of the German resistance.
"Panzerbär", die Zeitung des letzten deutschen Widerstands.
"Panzerbär", de krant van de laatste Duitse weerstand.
"Panzerbär", el periódico de la última resistencia alemana.

▲ 1945
The last defenders of the Reich: Hans-Georg Henke of the Hitler Youth, aged 16.
Die letzten Verteidiger des Reichs: Hans-Georg Henke von der Hitlerjugend, 16 Jahre.
De laatste verdedigers van het Reich: Hans-Georg Henke van de Hitlerjugend, 16 jaar.
Los últimos defensores del Reich: Hans-Georg Henke de la Hitlerjugend, 16 años.

▲ **Evgenij Chaldej, 1945**
The discovery of the body of one of Hitler's look-alikes.
Auffinden des Leichnams eines Hitler-Doppelgängers.
De vondst van het lichaam van een dubbelganger van Hitler.
El encuentro del cadáver de un sosia de Hitler.

◀ **1945**
Hitler is dead. The cover of "Stars and Stripes".
Hitler ist tot, erste Seite von "Stars and Stripes".
Hitler is dood, eerste pagina van "Stars and Stripes".
Hitler murió, primera página de "Stars and Stripes".

▲ **Evgenij Chaldej, 1945**
The official photo of the Russian flag being raised over the Reichstag amidst the smoke of the fighting.
Die russische Fahne auf dem Reichstag, das offizielle Foto mit dem Rauch der Gefechte.
De Russische vlag op de Reichstag, de officiële foto met de rook van de gevechten.
La bandera rusa en el Reichstag, la foto oficial con el humo de los combates.

▲ **Evgenij Chaldej, 1945**
Photo of the Russian flag over the Reichstag, before it was doctored.
Die russische Fahne auf dem Reichstag ohne Retusche.
De Russische vlag op de Reichstag zonder retouchering.
La bandera rusa en el Reichstag sin retoque.

Evgenij Chaldej, 1945
A family that committed suicide on benches Viennese park following the arrival of the Allies.
Familie, die bei der Ankunft der Alliierten Selbstmord begangen hat, auf den Bänken eines Parks, Wien.
Een familie heeft zelfmoord gepleegd op de bankjes van een park in Wenen, bij aankomst van de Geallieerden.
Familia suicida cuando llegan los Aliados sobre los bancos de un parque, Viena.

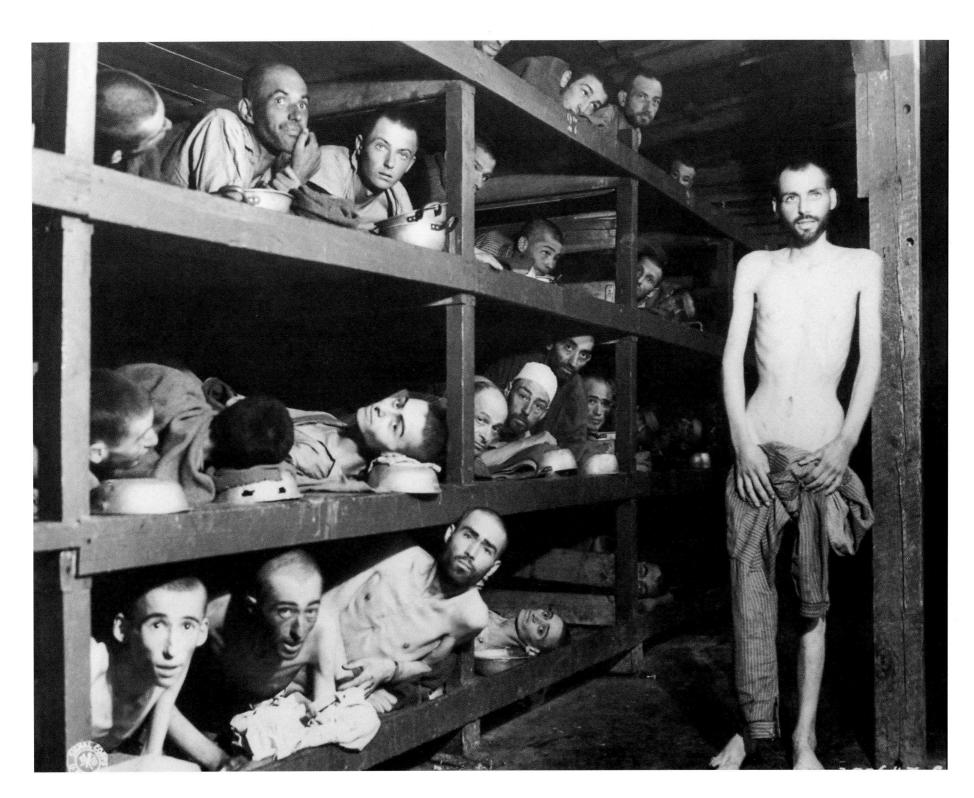

Slave-workers in Buchenwald concentration camp.
Arbeiter-Sklaven, Konzentrationslager Buchenwald.
Slavenarbeiders, concentratiekamp van Buchenwald.
Trabajadores-esclavos, campo de concentración de Buchenwald.

▶ **1946**
Herman Göring, shielding his face to avoid the flash of Russian photographer, Evgenij Chaldej.
Hermann Göring mit einer Hand vor dem Gesicht, um die Blitzlichter des russischen Fotografen Evgenij Chaldej zu vermeiden.
Herman Göring, een hand voor zijn gezicht om de flitsen van de Russische fotograaf Evgenij Chaldej te vermijden.
Herman Göring, una mano delante del rostro para evitar el flash del fotógrafo ruso Evgenij Chaldej.

▲ **Evgenij Chaldej, 1945**
Members of the German hierarchy held in Spandau prison, Berlin.
Nazi-Hierarchen im Gefängnis von Spandau in Berlin.
Gevangengenomen nazistische partijleiders in de gevangenis van Spandau in Berlijn.
Jerárquicos nazistas prisioneros en la cárcel de Spandau, Berlín.

▶
The trial of Nazi leaders in Nuremberg.
Prozess der Nazi-Hierarchen in Nürnberg.
Proces aan nazistische partijleiders in Neurenberg.
Proceso de los jerárquicos nazistas en Núrimberg.

▶ **Evgenij Chaldej, 1946**
Photographer Robert Capa during a break in the proceedings.
Der Fotograf Robert Capa bei einer Prozesspause.
De fotograaf Robert Capa tijdens een pauze van het proces.
El fotógrafo Robert Capa en una pausa del proceso.

The Pacific Front: from Okinawa
to the atomic bomb
Die Pazifikfront: von Okinawa
zur Atombombe
Het front van de Stille Oceaan:
van Okinawa tot de atoombom
El frente del Pacífico: de Okinawa a la atómica

1944
A US Marine.
Amerikanische Marine.
Amerikaanse marinier.
Marine americano.

1944
From Tarawa to Tokyo.
Von Tarawa nach Tokio.
Van Tarawa tot Tokyo.
De Tarawa a Tokyo.

1944
An American Curtiss "Helldiver" fighter-bomber approaches the deck of the USS Yorktown.
Der amerikanische Jagdbomber Curtiss "Helldiver" nähert sich der Brücke des USS Yorktown.
De Amerikaanse jachtbommenwerper Curtiss "Helldiver" nadert de brug van de USS Yorktown.
Cazabombardero americano Curtiss "Helldiver" se acerca al puente de la USS Yorktown.

◀ **1944**
A Marine in action in Peleliu.
Marine im Einsatz in Peleliu.
Marinier in actie in Peleliu.
Marine en acción en Peleliu.

▶ **1944**
General Douglas MacArthur in Leyte.
General Douglas MacArthur auf Leyte.
Generaal Douglas MacArthur in Leyte.
El General Douglas MacArthur en Leyte.

◀ **Joe Rosenthal, 1944**
Raising the flag over Iwo Jima.
Die Fahne weht auf Iwo Jima.
De vlag wappert boven Iwo Jima.
La bandera flameando en Iwo Jima.

▲ **1944**
Okinawa, the final act.
Okinawa, letzter Akt.
Okinawa, laatste actie.
Okinawa, último acto.

"The heroes are those that died on Iwo Jima, not those that raised a pole...", John Bradley, one of the six Marines that reached the top of Mt. Suribachi and hoisted the flag.

"Die Helden sind diejenigen, die in Iwo Jima gestorben sind, nicht wer eine Fahnenstange hochgehoben hat...", John Bradley, einer der sechs Marinesoldaten, die den Gipfel des Berges Suribachi erreichten und die Fahne hissten.

"De helden zijn hen die in Iwo Jima gestorven zijn en niet degenen die een paal opgericht hebben...", John Bradley, een van de zes mariniers die de top van de berg Suribachi bereikten en de vlag hesen.

"Los héroes son los que murieron en Iwo Jima, no quien levantó un palo...", John Bradley, uno de los seis marine que alcanzó la cumbre del monte Suribachi e izó la bandera.

▶ **1944**
Marines wounded at Iwo Jima.
Auf Iwo Jima verwundete Marinesoldaten.
Gewonde mariniers in Iwo Jima.
Marines heridos en Iwo Jima.

◀ **1944**
Signalling from the USS Sandlance.
Signale der USS Sandlance.
Signaleringen afkomstig van de USS Sandlance.
Señales de la USS Sandlance.

▼ **1944**
Marines fighting.
Marine beim Kampf.
Mariniers in gevecht.
Marine en combate.

◀ 1945
At 11.10 local time on 9th August, "Fat Man" is dropped on Nagasaki.
9. August, 11.10 Uhr (Ortszeit). Über Nagasaki explodiert "Fat Man".
9 augustus, om 11.10 (plaatselijke tijd). Op Nagasaki explodeert "Fat Man".
9 agosto, 11.10 hora (hora local). En Nagasaki explota "Fat Man".

▲ 1945
Hiroshima after the dropping of the atomic bomb on 6th August.
Hiroshima nach der Explosion der Atombombe des 6. August.
Hiroshima na de atoomexplosie van 6 augustus.
Hiroshima después de la explosión atómica del 6 de agosto.

◄ 1945
Allied prisoners of war in Aomori following their liberation.
In Aomori befreite alliierte Kriegsgefangene.
Bevrijde geallieerde oorlogsgevangenen in Aomori.
Prisioneros de guerra aliados liberados en Aomori.

▲ 1945
Mount Fuji and the Bay of Tokyo as seen from the USS South Dakota.
Der Berg Fuji und die Bucht von Tokio aus der Sicht des USS South Dakota.
De berg Fuji en de baai van Tokyo, gezien vanaf de USS South Dakota.
El monte Fuji y la bahía de Tokyo vistos por la USS South Dakota.

◄ 1945
The Japanese delegation sets off to sign the surrender.
Die japanische Delegation begibt sich zur Unterzeichnung der Kapitulationsurkunde.
De Japanse afvaardiging staat op het punt de akte van overgave te tekenen.
La delegación japonesa se prepara para firmar el acta de rendición.

▲ 1945
2nd September: General Douglas MacArthur, on the deck of the USS Missouri, countersigns the Japanese Instrument of Surrender.
2. September. General Douglas MacArthur bei der Gegenzeichnung der japanischen Kapitulationsurkunde auf der Brücke der in der Bucht von Tokio vor Anker liegenden Missouri.
2 september. Op de brug van de Missouri, die in de baai van Tokyo voor anker ligt, ondertekent generaal Douglas MacArthur mede het document van de Japanse overgave.
2 de septiembre. En el puente del Missouri, anclado en la bahía de Tokyo, el general Douglas MacArthur contrafirma el documento de rendición japonesa.

THE WARS THAT FOLLOWED WWII

During the Korean War, there was a gradual change in opinions expressed by the press as reporters started to question whether the war they were writing about was just or legitimate. In the end, they chose to take off their uniforms.
Vietnam was a reporter's paradise in terms of their number and the free rein they enjoyed to move around combat zones. Here however, freedom of information backfired on America's military leaders and ultimately lost them the war despite having won it on the battlefield. The dropping of napalm on villages and the slaughter of civilians was denounced, and so muckraking journalism made its debut. It proved harder to take a position on the Arab-Israeli and African wars that were horrific and yet often forgotten. TV started to lead the field, deciding what to cover on and which conflicts were photogenic. Some situations were almost impossible to report on, such as the fighting in the Falkland Islands so far away and the Russian invasion of Afghanistan. Others, like the conflicts in the former Yugoslavia, Kosovo and Chechnya, entered homes every day on the evening news.
Meantime, more and more journalists were killed alongside soldiers and civilians on both the front and backlines of any combat zone.

DIE KRIEGE DER ZWEITEN NACHKRIEGSZEIT

In Korea veränderte sich die Sichtweise nach und nach. Die Presse begann damit, die Rechtfertigung dieses Krieges zu hinterfragen. Gleichzeitig entledigte sie sich der Uniform. Vietnam war das Paradies der Reporter aufgrund der Anwesenheit zahlreicher Journalisten und dem freien Zugang zu den Kampfgebieten. Die Information spielte dieses Mal den Militärs übel mit. Das ging so weit, dass die USA trotz der Siege auf dem Feld den Krieg verloren. Das war die Geburtsstunde des „muckraking journalism". Er prangerte das über den Dörfern abgeworfene Napalm und die Massaker and der Zivilbevölkerung an. Weniger leicht war es, in den israelisch-arabischen Kriegen Stellung zu beziehen oder auch den grauenvollen Konflikten, die in Afrika ausgefochten wurden und oft in Vergessenheit gerieten. Dann kommt das Fernsehen ins Spiel und bestimmt die Regeln, was an Kriegsgeschehen fotogen ist und was nicht. Das betrifft all jene Konflikte, bei denen die Berichterstattung schwerfällt, wie z.B. bei denen, die weit weg sind, wie die Invasion der Falklands oder der Einmarsch der Sowjets in Afghanistan. Einige andere werden zur Zeit des Abendbrots von den Nachrichtensendern auf den Tisch gebracht. Dazu gehören die Kriege im ehemaligen Jugoslawien, im Kosovo und in Tschetschenien. Währenddessen sterben die Journalisten in immer größerer Zahl entweder an der Front – so wie auch die Soldaten – oder in den Nachschubgebieten zusammen mit den vielen unschuldigen Opfern.

DE OORLOGEN NA DE TWEEDE WERELDOORLOG

In Korea veranderde de pers haar standpunt geleidelijk en begon zich af te vragen of de oorlog waarvan zij verslag deed juist of legitiem was. Zo trok de pers haar uniform uit.
Vietnam was het paradijs van de verslaggevers door de grote aanwezigheid van journalisten en de bewegingsvrijheid in de gevechtszones. De informatie leverde de militaire toppen echter een streek: Amerika verloor de oorlog ondanks de overwinningen op het slagveld. Het "muckraking journalism" ontstond, dat bekend maakte dat napalm op de dorpen gegooid werd en burgers afgeslacht werden. Het was minder gemakkelijk om een standpunt in te nemen in de Arabisch-Israëlische of Afrikaanse oorlogen, die verschrikkelijk waren en vaak vergeten werden. De TV gaat domineren en dicteert de regels en de mate waarin het conflict fotogeniek is: van de vaak onmogelijk te vertellen conflicten tot verre gevechten op de Falklands of de Russische invasie in Afghanistan of de conflicten die met het avondnieuws uitgezonden worden, zoals die in het voormalige Joegoslavië, in Kosovo en Tsjetsjenië.
En dat terwijl journalisten steeds vaker aan het front sterven, net als de soldaten, of in de verbindingslijnen, net als de onschuldige burgers.

LAS GUERRAS DE LA SEGUNDA POSGUERRA

En Corea la prensa cambió gradualmente el punto de vista, empezó a preguntarse si la guerra relatada fue justa o legítima y al hacerlo se quitó el uniforme.
Vietnam fue el paraíso de los reporteros gracias a la gran presencia de los periodistas y la libertad de moverse en las zonas de combate, pero la información hizo una mala jugada a las cumbres militares haciendo perder la guerra a los U.S.A. a pesar de las victorias en el campo. Nacía el "muckraking journalism" que denunció el napalm sobre los viajes y las masacres de civiles. Más difícil era perder posición en las guerras árabes-israelitas o en las africanas, horribles y a menudo olvidadas. Se impone la tv que dicta las reglas y la fotogenia de los conflictos, desde los que son casi imposibles de contar, como los lejanos enfrentamientos en las Falkland o la invasión rusa en Afganistán, hasta los que saldrán al aire con el telediario de la noche como los de Yugoslavia, en Kosovo y Chechenia.
Mientras que los periodistas muertos se vuelven cada vez más numerosos, en el frente como soldados o en la retaguardia como civiles inocentes.

The Korean War
Der Koreakrieg
Oorlog van Korea
Guerra de Corea

1950 - 1953

Journalists in Korea had a duty "not to help the reds". "The Picture Post" was alone in denouncing the atrocities carried out in Pusan by UN forces.

Die Journalisten in Korea hatten die Pflicht "den Roten nicht zu helfen". Nur "Picture Post" prangerte die von den Streitkräften der UNO in Pusan begangenen Gräueltaten an.

De journalisten hadden in Korea de plicht om de "roden niet te helpen". Alleen de "Picture Post" maakte de wreedheden bekend waaraan de strijdkrachten van de VN zich schuldig maakten in Pusan.

Los periodistas en Corea tenían el deber de "no ayudar a los rojos". Sólo el "Picture Post" denunció las atrocidades cometidas en Pusan por las fuerzas armadas de la ONU.

1950
North Korean troops on the attack.
Die Offensive der nordkoreanischen Truppen.
Het offensief van de troepen van Noord-Korea.
La ofensiva de las tropas de Corea del Norte.

▲
Stefan (István) Lóránt, editor of the "Picture Post", one of the first illustrated magazines in Britain.
Stefan (István) Lóránt, Herausgeber der "Picture Post", eine der ersten Illustrierten Großbritanniens.
Stefan (István) Lóránt, uitgever van de "Picture Post", een van de eerste geïllustreerde tijdschriften van het Verenigd Koninkrijk.
Stefan (István) Lóránt, editor del "Picture Post", una entre las primeras revistas ilustradas del Reino Unido.

▲ 1950
A forward post from hell, as depicted by the "Picture Post".
Vorposten der Hölle in "Picture Post".
Voorpost van de hel in de "Picture Post".
Avanzada en el infierno, "Picture Post".

1953
North Korean soldiers in a prisoner of war camp.
Nordkoreanische Soldaten in einem Gefangenenlager.
Noord-Koreaanse soldaten in een gevangenenkamp.
Soldados norcoreano en un campo de prisión.

The French Indochina War
Der Indochinakrieg
Oorlog in Indochina
Guerra de Indochina

1946 - 1954

"A conventional army loses if it doesn't win, guerrillas win if they don't lose", Henry Kissinger on South East Asia.

"Die konventionelle Armee verliert, wenn sie nicht siegt, die Guerrilla siegt, wenn sie nicht verliert", Henry Kissinger über Südostasien.

"Het conventionele leger verliest als het niet wint, de guerrilla wint als het niet verliest", Henry Kissinger over Zuidoost-Azië.

"El ejército convencional pierde si no gana, la guerrilla gana si no pierde", Henry Kissinger en el Sureste asiático.

1947
The French Expeditionary force in Indochina on a period poster.
Französischer Speditionskorps in Indochina auf einem Plakat jener Epoche.
Frans expeditiekorps in Indochina op een affiche uit die tijd.
Cuerpo de expedición francés en Indochina en un manifiesto de la época.

1948
Colonel de Sairigné, killed during an attack on a convey in Dalat, March 1948.
Oberst de Sairigné, getötet während eines Angriffs auf einen Konvoi in Dalat im März 1948.
Kolonel de Sairigné, vermoord tijdens een aanval op een konvooi in Dalat, maart 1948.
El Coronel de Sairigné, matado durante un ataque a un convoy en Dalat, marzo de 1948.

▲ 1951
Soldiers in the Vietnam National Army on the front cover of a magazine.
Soldaten der vietnamesischen Nationalarmee auf dem Titelblatt einer Zeitschrift.
Militairen van het Nationaal Leger van Vietnam op de omslag van een tijdschrift.
Militares del Ejército nacional de Vietnam en la tapa de una revista.

▲ 1954
The heroic defenders of Dien Bien Phu on the cover of "Vietnam", a French newssheet.
Die heroischen Verteidiger von Dien Bien Phu in "Vietnam", einem französischen Informationsbulletin.
De heldhaftige verdedigers van Dien Bien Phu in "Vietnam", Frans informatiebulletin.
Los héroes defensores de Dien Bien Phu en "Vietnam", boletín francés de información.

1954
The fall of Dien Bien Phu. Viet Minh fighters wave a flag over the French base.
Fall von Dien Bien Phu, die Vietminh schwenken die Fahne auf der französischen Basis.
De val van Dien Bien Phu, de Vietminh doen de vlag wapperen op de Franse basis.
Caída de Dien Bien Phu, los Vietminh agitan la bandera en la base francesa.

The Vietnam War
Der Vietnamkrieg
Oorlog van Vietnam
Guerra de Vietnam
1954 - 1975

"Now we have a problem in making our strength credible and Vietnam is the place". President J.F. Kennedy to the New York Times, 1961.

"Wir haben ein Problem: unsere Macht glaubwürdig zu machen. Vietnam ist der richtige Ort, um sie unter Beweis zu stellen". Präsident J.F. Kennedy zur New York Times, 1961.

"We hebben een probleem: onze macht geloofwaardig maken. Vietnam is de juiste plek om dat te bewijzen". President J.F. Kennedy in de New York Times, 1961.

"Tenemos un problema: hacer creíble nuestra potencia. Vietnam es el lugar justo para demostrarlo". El Presidente J.F. Kennedy al New York Times, 1961.

1961
Vice President Lyndon Johnson meets a platoon of US soldiers.
Der Vizepräsident Lyndon Johnson begrüßt eine Abteilung amerikanischer Soldaten.
Vice-president Lyndon Johnson groet een peloton Amerikaanse soldaten.
El Vicepresidente Lyndon Johnson saluda un pelotón de soldados americanos.

1965
Napalm bombs fall on a Vietnamese village.
Napalmbomben über einem vietnamesischen Dorf.
Napalmbommen op een Vietnamees dorp.
Bombas de napalm en una aldea vietnamita.

The wars that followed WWII

◄ **1965**
An American military advisor at a forward South Vietnamese base.
Amerikanischer Militärberater in einer vorgeschobenen südvietnamesischen Basis.
Amerikaans militair raadsman in een geavanceerde Zuid-Vietnamese basis.
Consejero militar americano en una base avanzada survietnamita.

► **1966**
Viet Cong guerrillas hiding in the jungle.
Im Dschungel versteckte Guerrillakämpfer des Vietcong.
Guerrillastrijders van de vietcong verborgen in de jungle.
Guerrilleros del Vietcong escondidos en la jungla.

◀ **Larry Burrows, 1965**
A wounded American soldier is evacuated from the battlefield by helicopter.
Ein verwundeter amerikanischer Soldat wird mit einem Hubschrauber vom Schlachtfeld evakuiert.
Een gewonde Amerikaanse soldaat wordt in een helikopter van het slagveld afgevoerd.
Un soldado americano herido evacuado en helicóptero del campo de batalla.

▶ **Francesco Jovane, 1965**
Young Viet Cong fighter killed in combat.
Im Kampf gefallener junger Vietcong-Rekrut.
Jonge vietcong gesneuveld tijdens de gevechten.
Joven del Vietcong matado durante los combates

▲ **Francesco Jovane, 1966**
South Vietnamese soldiers with the head of a dead Viet Cong guerrilla.
Südvietnamesische Soldaten mit dem Kopf eines getöteten Vietcong-Rekruten.
Zuid-Vietnamese soldaten met het hoofd van een vermoorde vietcong.
Soldados survietnamitas con la cabeza de un Vietcong matado.

▲ **Francesco Jovane, 1966**
A civilian victim of the fighting.
Ein dem Kampf zum Oper gefallener Zivilbürger.
Een burgerslachtoffer van de gevechten.
Un civil víctima de los combates.

◀ **1966**
Searching for weapons in a Vietnamese village.
Suche nach Waffen in einem vietnamesischen Dorf.
Naar wapens zoeken in een Vietnamees dorp.
Búsqueda de armas en una aldea vietnamita.

▶ **1965**
An operation against a village occupied by the Viet Cong.
Unternehmen gegen ein von der Vietcong besetztes Dorf.
Operatie tegen een door de vietcong bezet dorp.
Operación contra una aldea ocupada por los Vietcong.

▶ **1966**
A South Vietnamese unit combs the ground.
Soldaten des südkoreanischen Truppenkontingents bei einer Säuberung.
Soldaten van het Zuid-Koreaanse contingent bezig met doorzoekingen.
Soldados del contingente surcoreano en un rastreo.

▲ 1965
Viet Cong guerrillas by a man trap.
Guerrillakämpferinnen des Vietcong vor einer Menschenfalle.
Guerrillastrijders van de vietcong bij een mensenval.
Guerrillero del Vietcong delante de una trampa antihombre.

◄ 1966
US Marines guard the defensive perimeter of the Da Nang air base, Vietnam.
Amerikanische Marinesoldaten bei der Bewachung der Verteidigungslinie der Flugbasis von Da Nang, Vietnam.
Amerikaanse mariniers bewaken de verdedigingsomtrek van de luchtbasis van Da Nang, Vietnam.
Marines americanos de guardia en el perímetro defensivo de la base aérea de Da Nang, Vietnam.

◀ **Larry Burrows, 1968**
The Tet Offensive.
Tet-Offensive.
Het Tet-offensief.
Ofensiva del Tet.

▼ **1968**
Air dropping supplies at the Khe Sanh base.
Versorgung der Basis von Khe Sanh aus der Luft.
Bevoorrading vanuit de lucht voor de basis van Khe Sanh.
Abastecimiento aéreo para la base de Khe Sanh.

◀ **1968**
General William Westmoreland, Commander-in-Chief of the US forces in Vietnam until the spring of 1968.
General William Westmoreland, bis zum Frühjahr 1968 Oberbefehlshaber der USA-Streitkräfte in Vietnam.
Generaal William Westmoreland, comandant aan het hoofd van de Amerikaanse strijdkrachten in Vietnam tot aan de lente van 1968.
El general William Westmoreland, comandante en jefe de las fuerzas USA en Vietnam hasta la primavera de 1968.

◀ **1970**
30th April, Richard Nixon, the 37th President of the USA from 1969 to 1974, briefs the press about attacks on Viet Cong bases in Cambodia.
30. April. Richard Nixon, 37. Präsident der Vereinigten Staaten von 1969 bis 1974, erklärt der Presse die Einzelheiten des Angriffs auf die Vietcong-Basen in Kambodscha.
30 april. Richard Nixon, 37e President van de Verenigde Staten van 1969 tot 1974, legt de pers de details uit van de aanval op de basissen van de vietcong in Cambodja.
30 de abril. Richard Nixon, 37° Presidente de los Estados Unidos de 1969 a 1974 explica a la prensa los detalles del ataque a las bases vietcong en Camboya.

▶ **Hilmar Pabel, 1968**
The Tet Offensive, the Hué citadel after the fighting.
Tet-Offensive, die Zitadelle von Hué nach den Gefechten.
Het Tet-offensief, de citadel van Hué na de gevechten.
Ofensiva del Tet, la ciudadela de Hué después de los combates.

▲ 1998
Peter Arnett, whose first posting as a correspondent was in Vietnam.
Peter Arnett bei seinem ersten Korrespondentenauftrag im Vietnam.
Peter Arnett, in Vietnam tijdens zijn eerste opdracht als correspondent.
Peter Arnett, en Vietnam su primer encargo de corresponsal.

▶
Oriana Fallaci, Italian journalist and author, sent to cover the war in Vietnam.
Oriana Fallaci, italienische Journalistin und Schriftstellerin war Kriegsgesandte in Vietnam.
Oriana Fallaci, Italiaanse journalist en schrijfster, was oorlogsreporter in Vietnam.
Oriana Fallaci, periodista y escritora italiana, fue corresponsal de guerra en Vietnam.

◀
Dichey Chapelle, photo-journalist and war correspondent, killed in Vietnam by a mine on 4th November 1965.
Dichey Chapelle, Fotojournalist und Kriegskorrespondent, wurde am 4. November 1965 in Vietnam von einer Mine getötet.
Dichey Chapelle, fotojournalist en oorlogscorrespondent, kwam op 4 november 1965 in Vietnam door een mijn om het leven.
Dichey Chapelle, fotoperiodista y corresponsal de guerra, matada por una mina en Vietnam el 4 de Noviembre de 1965.

▲ 2007
The photographer Don McCullin poses in front of one of his own photos of the Vietnam war.
Der Fotograf Don McCullin posiert vor einem seiner Fotos über den Vietnamkrieg.
De fotograaf Don McCullin poseert voor een van zijn foto's van de oorlog in Vietnam.
El fotógrafo Don McCullin posa delante de una foto suya sobre la guerra del Vietnam.

▶ 2006
CBS anchorman Walter Cronkite who was, according to President Johnson, "responsible for turning public opinion" against the war in Vietnam.
Walter Cronkite der CBS. Nach Ansicht von Präsident Johnson war er es, der im Fernsehen "die Zustimmung zum Vietnamkrieg zerstörte".
Walter Cronkite van de CBS. Volgens President Johnson was hij het die op TV "het consensus over de oorlog in Vietnam" vernietigde.
Walter Cronkite de la CBS. Según el Presidente Johnson fue él, en tv, a "destruir el consenso sobre la guerra" de Vietnam.

Suez and Sinai
Suez und Sinai
Suez en Sinaï
Suez y Sinai
1956

Suez was Britain's last attempt to play at colonialist Imperialism, intervening directly in an area of interest. It was a political line not adopted again until the Falklands, 30 years later.

Mit Suez versuchte England seine letzte Karte des Kolonialimperialismus zu spielen, indem es direkt in ein Interessensgebiet eingriff. Eine politische Linie, die England erst 30 Jahre später auf den Falkland-Inseln wiederholen wird.

Engeland probeerde met Suez haar laatste kaart van het kolonialistische imperialisme uit te spelen door rechtstreeks in een belangrijk gebied in te grijpen. Een politiek beleid dat het pas 30 jaar laten met de Falklands opnieuw zal toepassen.

Con Suez, Inglaterra jugó la última carta del imperialismo colonialista interviniendo directamente en un área de interés. Una línea política que repetirá sólo en las Falkland (Malvinas), 30 años después.

1956
Gamal Abd el-Nasser nationalizes the Suez Canal, "La Domenica del Corriere".
Gamal Abd el-Nasser nationalisiert den Suez-Kanal, "La Domenica del Corriere".
Gamal Abd el-Nasser nationaliseert het Suezkanaal, "La Domenica del Corriere".
Gamal Abd el-Nasser nacionaliza el Canal de Suez, "La Domenica del Corriere".

◀ 1956
British paratroops take Port Said airport, the "Evening Standard".
Englische Fallschirmspringer erobern den Flughafen von Port Said, "Evening Standard".
Engelse parachutisten veroveren het vliegveld van Port Said, "Evening Standard".
Paracaidistas ingleses conquistan el aeropuerto de Port Said, "Evening Standard".

1957 ▶
The end of the Suez adventure, British tanks embark and start their journey home.
Das Ende des Suez-Abenteuers: englische Panzer beim Einschiffen für die Rückkehr in die Heimat.
Het einde van het Suezavontuur: Engelse tanks worden ingescheept om naar het vaderland terug te keren.
El final de la aventura de Suez: tanques ingleses embarcados para volver a la patria.

The Six-day War
Der Sechstagekrieg
De Zesdagenoorlog
Guerra de los Seis días
1967

Initially, the troops in Tel Aviv attracted much sympathy, surrounded as they were by the enemy, yet able not only to defend themselves and then go on the offensive.

Es bestand eine anfängliche Sympathie für die Truppen von Tel Aviv, die ständig von Feinden umgeben und nicht nur in der Lage waren, sich zu verteidigen, sondern auch zur Offensive überzugehen

Er was aanvankelijk sympathie voor de troepen van Tel Aviv, die voortdurend door vijanden omringd waren en die niet alleen in staat waren zich te verdedigen maar ook om tot de aanval over te gaan.

Existió una simpatía inicial hacia las tropas de Tel Aviv, constantemente circundadas por enemigos y capaces no sólo de defenderse sino también de pasar a la ofensiva.

Zionist volunteers training in Palestine.
Zionistische Freiwillige exerzieren in Palästina.
Vrijwillige zionisten trainen in Palestina.
Voluntarios sionistas se adiestran en Palestina.

▲ 1967
Moshe Dayan, Israeli general and politician.
Moshe Dayan, israelischer General und Politiker.
Moshe Dayan, Israëlisch generaal en politicus.
Moshe Dayan, general y hombre político israelita.

▲ Adriano Mordenti, 1967
An Israeli Infantry column during the advance.
Israelische Infanteriekolonne während des Vormarschs.
Israëlische infanteriecolonne tijdens de opmars.
Convoy de infantería israelita durante la avanzada.

Adriano Mordenti, 1967
Israeli soldiers watch over Arab prisoners.
Israelische Soldaten überwachen arabische Gefangene.
Israëlische soldaten bewaken Arabische gevangenen.
Soldados israelitas vigilan prisioneros árabes.

The Yom Kippur War
Der Jom-Kippur-Krieg
Yom-Kippuroorlog
Guerra de Kippur
1973

Adriano Mordenti, 1973
Israeli soldiers set off for the front line.
Israelische Soldaten bereiten sich darauf vor, an die Front zu gehen.
Israëlische soldaten maken zich gereed om de frontlinies te bereiken.
Soldados israelitas se preparan para alcanzar la línea del frente.

▲ **Adriano Mordenti, 1973**
A Jordanian soldier killed in the first wave of fighting.
Während der ersten Fase der Gefechte gefallener jordanischer Soldat.
Jordaanse soldaat vermoord tijdens de eerste gevechtsfasen.
Soldado jordano matado durante la primera fase de los combates.

▶ **Werner Braun, 1973**
A Syrian, Russian-built "T 55" destroyed by the Israelis on the Golan Heights.
Ein syrianischer "T 55" sowjetischer Fabrikation, von den Isrealis auf den Golan-Höhen zerstört.
Een Syrische "T 55" van Sovjetische makelij, op de hoogvlakten van Golan door de Israëliërs verwoest.
Un "T 55" sirio, de fabricación soviética, destruido por los israelitas en los Altos del Golán.

◀ **Werner Braun, 1973**
Egyptian, Russian-built anti-aircraft battery, destroyed during the Israeli counter-attack.
Ägyptische Flugabwehrbatterie sowjetischer Fabrikation, vom israelischen Gegenangriff zerstört.
Egyptische luchtafweer, van Sovjetische makelij, verwoest door de Israëlische tegenaanval.
Batería contraaérea egipcia, de fabricación soviética, destruida por el contraataque israelita.

▶ **Adriano Mordenti, 1973**
Israeli solders advance through the remains of a destroyed enemy convoy.
Israelische Soldaten rücken zwischen den Resten einer zerstörten feindlichen Autokolonne vor.
Israëlische soldaten rukken op tussen de resten van een verwoeste vijandelijke autocolonne.
Soldados israelitas avanzan entre los restos de un convoy enemigo destruido.

The War in Lebanon and Palestine
Der Krieg im Libanon und in Palästina
Oorlog in Libanon en Palestina
Guerra en Líbano y Palestina
1982 - 2010

When the media started to show Israeli tanks taking on youngsters armed only with stones, public opinion started to sympathise with the Palestinian cause.

Als die Medien anfingen, die gegen kleine, mit Steinen bewaffnete Jungen fahrenden israelischen Panzer zu zeigen, begann die öffentliche Meinung mit den Interessen der Palästinenser zu sympathisieren.

Toen de media lieten zien hoe de Israëlische tanks het opnamen tegen met stenen bewapende jonge jongens, kreeg de publieke opinie sympathie voor de Palestijnse kwestie.

Cuando los medios comenzaron a mostrar los tanques israelitas contrapuestos a niños armados de piedras, la opinión pública inició a simpatizar con la causa palestina.

1988
The Intifada: stone-throwing near Ramallah.
Intifada: Wurf von Steinen in der Nähe von Ramallah.
Intifada: stenen gooien in de buurt van Ramallah.
Intifada: lanzamiento de piedras cerca de Ramallah.

▶ 1996
An Israeli tank patrols the Israeli-Lebanese border after a Hezbollah attack on Israeli soldiers.
Ein israelischer Panzer auf Patrouille an der Grenze zwischen Israel und dem Libanon nach einem Angriff der Hezbollah gegen die israelischen Soldaten.
Een Israëlische tank patrouilleert langs de grens tussen Israël en Libanon na een aanval van de Hezbollah tegen Israëlische soldaten.
Un tanque israelita de patrulla en el límite entre Israel y Líbano después de un ataque de Hezbollah contra soldados israelitas.

◀ 1996
Columns of smoke rise above the Lebanese village of Nabatiyeh after a bombing raid by Israeli helicopters.
Rauchsäulen steigen nach dem Wurf von Bomben aus israelischen Hubschraubern vom libanesischen Dorf Nabatiyeh auf.
Rookkolommen stijgen op uit het Libanese dorp Nabatiyeh na een bombardement door Israëlische helikopters.
Columnas de humo se levantan de la aldea libanesa de Nabatiyeh después del lanzamiento de bombas por parte de helicópteros israelitas.

▶ **1996**
A Lebanese boy, trapped in the rubble of his own house, destroyed during an Israeli air raid, calls out to the rescue team.
Ein libanesischer Junge ruft nach den Helfern, während er unter den Trümmern seines Hauses, das bei einem israelischen Raid zerstört wurde, begraben liegt.
Een Libanese jongen schreeuwt om hulp terwijl hij vast zit onder zijn huis dat tijdens een Israëlische raid verwoest werd.
Un joven libanés grita para llamar a los socorredores, mientras se encuentra atrapado bajo los escombros de su casa, destruida durante un raid aéreo israelita.

▶ **Antonella Di Girolamo, 2000**
Members of the PLO patrol the streets of the Ainel-Helwek refugee camp in Sidon, Lebanon.
Männer der PLO patrouillieren in den Straßen des Flüchtlingslagers von Ainel-Helwek, Sidon, Libanon.
Mannen van de PLO patrouilleren over de straten van het vluchtelingenkamp Ainel-Helwek, Sidon, Lebanon.
Hombres de la OLP patrullan las calles del campo de prófugos de Ainel-Helwek, Sidón, Líbano.

▶ **1996**
An Israeli soldier says his morning prayers just beyond his artillery post on the Lebanese border.
Ein israelischer Soladt spricht die Morgengebete in der Nähe seines Artilleriepostens an der Grenze zum Libanon.
Een Israëlische soldaat zegt het ochtendgebed vlakbij zijn artilleriestelling, aan de grens met Libanon.
Un soldado israelita recita las oraciones de la mañana cerca de su posición de artillería, en el límite con Líbano.

▲ 1996
A Palestinian police officer returns fire on some Israeli soldiers.
Ein palästinesischer Polizist beantwortet das Feuer der israelischen Soldaten.
Palestijnse politieagent beantwoordt het vuur van Israëlische soldaten.
Agente de la policía palestina responde al fuego de los soldados israelitas.

◄ 1996
An Israeli soldier lying flat on the ground takes aim at a group of young Palestinians throwing stones in Ramallah.
Ein israelischer Soldat am Boden, mit dem Gewehr im Anschlag, vor den jungen Palästinensern von Ramallah, die Steine werfen.
Een Israëlische soldaat op de grond met zijn geweer in de aanslag op jonge Palestijnen uit Ramallah die stenen gooien.
Un soldado israelita, en el suelo con el fusil aplanado, delante de los jóvenes palestinos de Ramallah que lanzan piedras.

▶ 2002
The Italian photo-reporter, Raffaele Ciriello, with Yasser Arafat.
Der italienische Fotoreporter Raffaele Ciriello mit Yasser Arafat.
De Italiaanse fotoverslaggever Raffaele Ciriello met Yasser Arafat.
El fotorreportero italiano Raffaele Ciriello con Yasser Arafat.

▶ 2002
Photo-reporters André Durand (AFP), Laszlo Balogh (Reuters) and Osama Silwadi commemorate Ciriello's death.
Die Fotoreporter André Durand (AFP), Laszlo Balogh (Reuters) und Osama Silwadi im Gedenken an den Tod von Ciriello.
De fotoverslaggevers André Durand (AFP), Laszlo Balogh (Reuters) en Osama Silwadi herdenken de dood van Ciriello.
Los fotorreporteros André Durand (AFP), Laszlo Balogh (Reuters) y Osama Silwadi conmemoran la muerte de Ciriello.

▶ 2010
Reuters photographer, Abdel Rahim Qusini assisted by colleagues following the explosion of an Israeli grenade in the village of Beit Omar in the West Bank.
Der Fotograf der Reuters, Abdel Rahim Qusini, erhält nach der Explosion einer israelischen Granate im Dorf Beit Omar, Cisjordanien, Hilfe von seinen Kollegen.
De fotograaf van Reuters, Abdel Rahim Qusini, bijgestaan door collega's na de explosie van een Israëlische granaat in het dorp Beit Omar, Westelijke Jordaanoever.
El fotógrafo de la Reuters, Abdel Rahim Qusini, ayudado por los colegas después de la explosión de una granada israelita en la aldea de Beit Omar, Cisjordania.

◀ 2002
"No more photos!" An Israeli soldier tries to block a photo-reporter during the arrest of a man at the Surda checkpoint in Ramallah in the West Bank.
"Schluss mit dem Fotografieren!" Ein israelischer Soldat versucht einen Fotoreporter während der Verhaftung eines Mannes am Checkpoint von Surda, Ramallah, Cisjordanien vom Fotografieren abzuhalten.
"Genoeg foto's!" Een Israëlische soldaat probeert een fotoverslaggever te stoppen tijdens de arrestatie van een man bij het checkpoint Surda, Ramallah, Westelijke Jordaanoever.
"¡Basta fotografías!" Un soldado israelita trata de parar a un fotorreportero mientras se para a un hombre en el checkpoint de Surda, Ramallah, Cisjordania.

▼ 2006
Israeli journalist Amira Hass from the "Haaretz" daily newspaper.
Die israelische Journalistin Amira Hass von der Tageszeitung "Haaretz".
De Israëlische journaliste Amira Hass van het dagblad "Haaretz".
La periodista israelita Amira Hass, del cotidiano "Haaretz".

The Liberian Civil War
Der Krieg in Liberia
Oorlog in Liberia
Guerra en Liberia

1990 - 2005

In Africa, children torn away from their families and villages were armed, trained and taught to hate. They turned into horrific child-soldiers whose story was not told in the West until years after they had been brutally used on the front line and countless young lives had been sacrificed.

In Afrika wurden kleine Jungen ihren Familien und Dörfern entrissen, bewaffnet, ausgebildet und zum Hass aufgewiegelt. Sie wurden zu fürchterlichen Kindersoldaten, deren Geschichte im Westen erst Jahre nach ihrem brutalen Einsatz an der Front und der Aufopferung unzähliger junger Leben erzählt wurde.

In Afrika werden jongens uit hun gezinnen en dorpen weggehaald, bewapend, getraind en tot haat aangezet. Ze werden vreesaanjagende kindsoldaten en hun verhaal werd pas jaren na hun brute inzet aan het front en na de opoffering van ontelbare jonge levens in de Westerse wereld verteld.

En África niños arrancados de sus familias y de sus aldeas fueron armados, adiestrados e instruidos al odio. Se transformaron en temibles niños-soldado cuya historia fue contada en Occidente sólo años después de su brutal utilización en el frente y después del sacrificio de innumerables jóvenes vidas.

1990
Militiamen from the faction led by Charles Taylor during the fighting in Monrovia.
Milizsoldaten der von Charles Taylor angeführten Faktion während der Gefechte in Monrovia.
Militanten van de factie onder aanvoering van Charles Taylor tijdens de gevechten in Monrova.
Milicianos de la fracción guiada por Charles Taylor durante los combates en Monrovia.

▲ 1996
General Roosevelt Johnson, "war lord" and leader of the ULIMO.
Der "Herr des Krieges", General Roosevelt Johnson, Anführer der "ULIMO".
De "Oorlogsheer" generaal Roosevelt Johnson, leider van het "ULIMO".
El "Señor de la guerra" general Roosevelt Johnson, líder del "ULIMO".

► 1996
An NPFL fighter shoots his submachine gun into the face of an "ULIMO" supporter.
Ein Milizsoldat der Patriotischen Nationalen Front Liberias (NPFL) schießt mit einem Maschinengewehr auf das Gesicht eines Anhängers der "ULIMO".
Een militant van het Nationaal Patriottisch Front (NPLF) schiet met een mitrailleur op het gezicht van een aanhanger van het "ULIMO".
Un miliciano del Frente Patriótico Nacional de Liberia (NPFL) dispara con un fusil metralladora en la cara de un sostenedor del "ULIMO".

◀ **1996**
A young NPFL (National Patriotic Front of Liberia) fighter fires his rifle in the area near Monrovia's largest army barracks.
Ein junger Kämpfer der Patriotischen Nationalen Front Liberias (NPLF) schießt in der Nähe der Hauptkaserne von Monrovia.
Een jonge strijder van het Nationaal Patriottisch Front (NPLF) schiet in de nabijheid van de belangrijkste kazerne van Monrovia.
Un joven combatiente del Frente Patriótico Nacional de Liberia (NPLF) dispara cerca del principal cuartel de Monrovia.

▶ **Nic Bothma, 2003**
Battle of the Bridges: a government soldier after an RPG grenade is launched against LURD rebels in Monrovia.
Brückenschlacht: ein Regierungssoldat nach dem Wurf einer RPG-Granate gegen einen LURD-Rebellen in Monrovia.
De slag om de bruggen: een regeringssoldaat na het gooien van een RPG-granaat naar de rebellen van het LURD in Monrovia.
Batalla de los puentes: un soldado gubernativo después del lanzamiento de una granada RPG contra los rebeldes de LURD en Monrovia.

▶ **Nic Bothma, 2003**
A child-soldier, barely 9 years old.
Ein Kindersoldat von nur 9 Jahren.
Een kindsoldaat van pas 9 jaar.
Un niño-soldado de sólo 9 años.

War in Somalia
Der Krieg in Somalia
Oorlog in Somalië
Guerra en Somalia
1993 - 2010

It was in Somalia that western journalists were first targeted by guerrillas and rival factions.

In Somalia begannen die westlichen Journalisten zu Zielscheiben der Guerrillakämpfer und rivalisierenden Faktionen zu werden.

In Somalië werden Westerse journalisten het doel van guerrillastrijders en rivaliserende facties.

Fue en Somalia que los periodistas occidentales comenzaron a transformarse en blanco de los guerrilleros y facciones rivales.

Cristiano Laruffa, 1991
Militiamen with the United Somali Congress patrol the streets in the destroyed city of Mogadishu.
Mogadischu, Milizsoldaten des United Somali Congress patrouillieren durch die Straßen der zerstörten Stadt.
Mogadishu, militanten van het United Somali Congress patrouilleren door de straten van de verwoeste stad.
Mogadiscio, milicianos de la United Somali Congress patrullan las calles de la ciudad destruida.

▲ 1993
The "Ibis Mission": an Italian military column in Somalia.
Mission "Ibis", eine italienische Militärkolonne in Somalia.
De "Ibis" missie, een Italiaanse militaire colonne in Somalië.
Misión "Ibis", un convoy militar italiano en Somalia.

▶ 1998
The Italian journalist Ilaria Alpi who was murdered in Mogadishu.
Ilaria Alpi, in Mogadischu getötete italienische Journalistin.
Ilaria Alpi, Italiaanse journaliste die in Mogadishu vermoord werd.
Ilaria Alpi, periodista italiana asesinada en Mogadiscio.

◀ **Cristiano Laruffa, 1993**
U.N. Mission "Restore Hope" - a civilian casualty.
UNO-Mission "Restore Hope", der Leichnam eines Zivilisten.
De VN-missie "Restore Hope", het lijk van een burger.
Misión Onu "Restore Hope", el cadáver de un civil.

▶ **2006**
Swedish journalist Martin Adler, killed by guerrillas in Mogadishu.
Der schwedische Journalist Martin Adler, von den Guerrillakämpfern in Mogadischu getötet.
De Zweedse journalist Martin Adler, vermoord door guerrillastrijders in Mogadishu.
El periodista sueco Martin Adler, matado por los guerrilleros en Mogadiscio.

◀ **2010**
A Somali government soldier takes a photo of himself on his cell phone not far from the Presidential Palace in Mogadishu.
Selbstaufnahme mit dem Handy eines somalischen Regierungssoldaten in der Nähe des Präsidentenpalastes von Mogadischu.
Foto met de zelfontspanner van een GSM door een Somalische regeringssoldaat in de buurt van het presidentieel paleis in Mogadishu.
Autofoto con el teléfono móvil de un soldado gubernativo somalí cerca del palacio presidencial en Mogadiscio.

The Rwandan Civil War
Der Krieg in Ruanda
Oorlog in Rwanda
Guerra en Ruanda

1994 - 1997

"People must take up a machete, a spear, a hoe, spades and stones so that they can - dear listeners - kill Rwandan Tutsis." Radio Bunia, 1998.

"Die Leute müssen eine Machete, eine Lanze, eine Hacke, Spaten oder Steine nehmen, um - liebe Zuhörer - die ruandischen Tutsi zu töten." Radio Bunia, 1998.

"De mensen moeten een machete nemen, speren, schoffels, scheppen, stenen, om - beste luisteraars - alle Rwandese tutsi's te vermoorden." Radio Bunia, 1998.

"La gente tiene que coger un machete, una lanza, una zapa, palas, piedras, para poder - queridos oyentes - matar a los tutsi ruandeses." Radio Bunia, 1998.

1994
A Tutsi fighter with the Rwandan Patriotic Front in Nyanza in the Gitarama district, one of the places where Tutsi soldiers with the Rwandan army fight Hutu rebels.
Tutsi von der Rwandan Patriotic Front in Nyanza, im Distrikt Gitarama, Ort des Zusammenstoßes zwischen den ruandischen Truppen der Tutsi-Armee und den Hutu-Rebellen.
Tutsi van het Rwandan Patriotic Front in Nyanza in het district Gitarama, plaats van gevechten tussen de Rwandese troepen van het Tutsi leger en de Hutu rebellen.
Tutsi del Rwandan Patriotic Front en Nyanza, en el distrito de Gitarama, luego de choques entre las tropas ruandesas del ejército Tutsi y los rebeldes Hutu.

◄ **1996**
A Rwandan mother leaves the forest where she had been hiding, and carrying her child in her arms, makes her way closer to the Rwanda-Zaire border.

Eine ruandische Mutter, die ihr Kind in den Armen hält, verlässt den Wald, in dem sie sich versteckt gehalten hat, um sich der Grenze zwischen Ruanda und Zaire zu nähern.

Een Rwandese moeder met haar kind op de arm, verlaat het bos waar ze zich verborgen gehouden had, om de grens tussen Rwanda en Zaïre te naderen.

Una madre ruandesa, con en brazos a su niño, deja la selva donde estaba escondida para acercarse a la frontera entre Ruanda y Zaire.

► **1994**
The mummified remains of Hutu victims murdered by the Tutsi in southern Rwanda during the 1994 genocide.

Die mumifizierten Überreste von Hutz-Opfern, die während des Völkermords von 1994 von den Tutsi in Südruanda getötet wurden.

De gemummificeerde resten van Hutu slachtoffers, vermoord door de Tutsi's in het zuiden van Rwanda tijdens de volkerenmoord van 1994.

Los restos momificados de víctimas Hutu asesinadas por los Tutsi en el Ruanda del Sur durante el genocidio de 1994.

► **1994**
A young Hutu wounded in one eye waits, along with other prisoners, to go on trial for taking part in the Kigali genocide.

Ein junger, an einem Auge verwundeter Hutu wartet zusammen mit anderen Gefangenen darauf, prozessiert zu werden, weil er am Völkermord in Kigali beteiligt war.

Jonge, aan een oog gewonde Hutu wacht samen met andere gevangenen om te worden terechtgesteld wegens deelname aan de volkerenmoord van Kigali.

Joven Hutu herido en un ojo espera, con otros prisioneros, ser procesado por haber participado en el genocidio de Kigali.

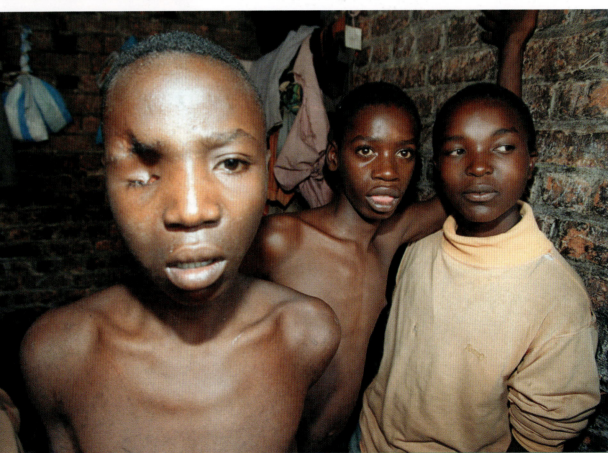

◄ 1997
Rwandan Colonel Théoneste Bagosora, accused of genocide and crimes against humanity, is led away under guard after a hearing in the International Criminal Court.
Der wegen Völkermord und Verbrechen gegen die Menschheit angeklagte ruandische Oberst Théoneste Bagosora wird nach einer Anhörung im internationalen Strafgericht von einem Agenten eskortiert.
De Rwandese kolonel Théoneste Bagosora, die van volkerenmoord en misdaden tegen de mensheid beschuldigd wordt, wordt geleide gedaan door een agent na een rechtszitting van het internationaal strafhof.
El coronel ruandés Théoneste Bagosora, acusado de genocidio y crímenes contra la humanidad, escoltado por un agente después de una audiencia del tribunal criminal internacional.

▲ 1997
A Rwandan soldier stands by the bodies of a mother and child in Camp Mudende.
Ein ruandischer Soldat vor den Körpern einer Mutter und ihres Kindes im Lager von Mudende.
Een Rwandese soldaat bij de lichamen van een moeder met haar kind in het kamp Mudende.
Un soldado ruandés delante de los cuerpos de una madre y de su niño en el campo de Mudende.

The War in Congo
Der Kongokrieg
Oorlog in Congo
Guerra en Congo
1997 - 2010

War Lords, mercenaries and traffickers of arms and brutality openly continued their trade, exasperating a UN too often impotent to act on the massacres. The only, somewhat faint-hearted witnesses, were the journalists.

Kriegsherren, Söldner, Waffenhandel und extreme Brutalität - alles vor den Augen der UNO, die allzuoft machtlos vor den Massakern steht. Einzige Zeugen einige mutige Journalisten.

Oorlogsheren, huursoldaten, wapenhandel en extreme brutaliteiten, alles voor de ogen van de VN die tegenover de slachtpartijen al te vaak machteloos stond. Enige getuigen enkele moedige journalisten.

Señores de la guerra, mercenarios, traficantes de armas y brutalidad exasperada, todo esto delante de los ojos de la Onu, demasiado a menudo impotente ante las masacres. Los únicos testigos fueron pocos intrépidos periodistas.

1997
Soldiers in the Congolese army, armed with AK-47 assault rifles, not far from the railway station in Dolisie.
Mit AK-47-Sturmgewehren bewaffnete Soldaten der kongolesischen Armee in der Nähe des Bahnhofs von Dolisie.
Soldaten van het Congolese leger, gewapend met AK-47 aanvalsgeweren, in de buurt van het station van Dolisie.
Soldados del ejército congoleño, armados con fusiles de asalto AK-47, cerca de la estación ferroviaria de Dolisie.

▶ 1997

Members of the "Cobra" militia, guerrillas faithful to Denis Sassou Nguesso, armed with a grenade launcher in a position on the River Congo opposite Brazzaville.
Milizsoldaten der "Cobra", die gegenüber Denis Sassou Nguesso treuen Guerrillakämpfer, mit einem Granatwerfer an einem Posten am Kongofluss vor Brazzaville.
Militanten van de "Cobra", de trouwe guerrillastrijders van Denis Sassou Nguesso, met een granaatwerper in een stelling aan de rivier de Congo, voor Brazzaville.
Milicianos de los "Cobra", los guerrilleros fieles a Denis Sassou Nguesso, con un lanzagranadas en una posición en el río Congo delante de Brazzaville.

▼ 1997

Denis Sassou Nguesso, accompanied by his body guards, shortly before a press conference in Oyo.
Denis Sassou Nguesso, begleitet von seiner Leibwache, kurz vor einer Pressekonferenz in Oyo.
Denis Sassou Nguesso, onder geleide van zijn lijfwachten, kort voor een persconferentie in Oyo.
Denis Sassou Nguesso, acompañado por las guardias del cuerpo, poco antes de una conferencia de prensa en Oyo.

◀ 1997
11 Russian prisoners, the crew of an Antonov 32 helicopter, accused of being mercenaries in the pay of deposed President Lissouba, in Pointe Noire.
11 russische Gefangene, Mannschaft eines Antonov-32-Hubschraubers, angeklagt Söldner des abgesetzten Präsidenten Lissouba in Pointe-Noire zu sein.
11 Russische gevangenen, de bemanning van een Antonov 32 helikopter, die ervan beschuldigd worden huursoldaten te zijn van de afgetreden President Lissouba, in Pointe Noire.
11 prisioneros rusos, equipaje de un helicóptero Antonov 32, acusados de ser mercenarios al servicio del depuesto Presidente Lissouba, en Pointe Noire.

▲ 2008
UN soldier with the first humanitarian convoy sent to help the more than 250,000 refugees trapped by the fighting in Congo.
Soldat der Vereinten Nationen des ersten humanitären Konvois, der zur Unterstützung der über 250.000 von den Gefechten im Kongo festgehaltenen Flüchtlingen gesandt wurde.
Soldaat van De Verenigde Naties van het eerste humanitaire konvooi dat uitgezonden werd om hulp te bieden aan de meer dan 250.000 vluchtelingen die in de val zaten tussen de gevechten in Congo.
Soldado de las Naciones Unidas del primer convoy humanitario enviado en ayuda a los más de 250.000 prófugos atrapados en los combates en Congo.

The Angolan War
Der Angola-Krieg
Oorlog in Angola
Guerra en Angola
1999 - 2002

1999
Government soldier by the bodies of UNITA rebels killed during the battle to control the city of Caala.
Regierungssoldat vor den Leichnamen der UNITA-Rebellen, die während des Kampfes um die Kontrolle der Stadt Caala gefallen sind.
Regeringssoldaat bij de lichamen van de rebellen van de UNITA, vermoord tijdens de gevechten om de controle van de stad Caala.
Soldado gubernativo delante de los cuerpos de rebeldes de la UNITA, matados durante los combates para el control de la ciudad de Caala.

◀ **1999**
Jonas Savimbi, leader of the UNITA rebels.
Jonas Savimbi, Anführer der UNITA-Rebellen.
Jonas Savimbi, rebellenleider van de UNITA.
Jonas Savimbi líder de los rebeldes de la UNITA.

▶ **2002**
The bullet ridden body of Jonas Savimbi, killed in Moxico during a skirmish on 22nd February.
Der mit Kugeln durchlöcherte Leichnam von Jonas Savimbi, der während eines Gefechts am 22. Februar in Moxico getötet wurde.
Het met kogels doorboorde lichaam van Jonas Savimbi, vermoord in Moxico tijdens de gevechten van 22 februari.
El cuerpo acribillado de Jonas Savimbi, matado en Moxico durante un enfrentamiento el 22 de febrero.

The War in Sudan and Darfur
Der Sudan- Darfur-Krieg
Oorlog in Soedan en Darfur
Guerra en Sudán y Darfur

2004 – 2007

Nic Bothma, 2004
JEM rebels in a camp in Darfur 50km from Tine, Sudan.
JEM-Rebell in einem Lager in Darfur, 50 km von Tiné, Sudan entfernt.
Rebellen van de JEM in een kamp in Darfur op 50 km van Tine, Soedan.
Rebelde del JEM en un campo en Darfur a 50 km de Tine, Sudán.

2005
EPA South African photo-reporter, Nic Bothma, in an operational area.
Der südafrikanische Fotoreporter Nic Bothma von der Agentur EPA im Einsatzgebiet.
De Zuid-Afrikaanse fotoverslaggever Nic Bothma, van het EPA, in de actiezone.
El fotorreportero sudafricano Nic Bothma, de la agencia EPA, en una zona de operaciones.

The Falklands War
Der Falklandkrieg
Oorlog in de Falklands / Malvinas
Guerra de las Falkland / Malvinas
1982

"The Falkland Islands are British territory. When British territory is invaded, it is not just an invasion of our land but of our whole spirit. We are all Falklanders now". "The Times" following the Argentinean invasion.

"Die Falkland-Inseln sind britisches Territorium. Wenn ein britisches Territorium besetzt wird, fühlt sich nicht nur unser Boden, sondern unsere ganze Seele überfallen. In diesen Tagen sind wir alle Bewohner der Falkland-Inseln". "The Times" nach der argentinischen Invasion.

"De Falklandeilanden zijn Brits grondgebied. Wanneer Brits grondgebied een invasie ondergaat, is het niet alleen onze grond die een invasie ondergaat, maar onze gehele geest. In deze dagen zijn we allemaal inwoners van de Falklands". "The Times" na de Argentijnse invasie.

"Las islas Falkland son un territorio británico. Cuando un territorio británico está invadido, no es sólo nuestro suelo que se siente invadido sino todo nuestro espíritu. En estos días somos todos habitantes de las Falkland". "The Times" después de la invasión argentina.

Margaret Thatcher with soldiers from the 44th Parachute Brigade.
Margaret Thatcher mit den Fallschirmspringern der 44. Brigade.
Margaret Thatcher met de parachutisten van de 44e Brigade.
Margaret Thatcher con los paracaidistas de la 44a Brigada.

METS UNLOAD MAZZILLI — BACK PAGE

PLAY WIN GO II

NEW YORK POST

FINAL SPORTS EXTRA

INVASION: ARGENTINA vs BRITAIN

Battle over quiet, windswept islands

—STORIES, PHOTOS: PAGE FOUR

▶ 1982
Argentinean soldiers land in the "Malvinas", "La Nacion".
Argentinische Landung auf den Falkland-Inseln, "La Nacion".
Argentijnse ontscheping op de Malvinas eilanden, "La Nacion".
Desembarco argentino en las islas Malvinas, "La Nación".

◀ 1982
Argentina vs Britain, "New York Post".
Argentinien gegen Großbritannien, "New York Post".
Argentinië tegen Groot-Brittannië, "New York Post".
Argentina contra Gran Bretaña, "New York Post".

◀ 1982
4th May, the destroyer HMS Sheffield, hit by an Argentinean "Exocet" missile, burned for six days before sinking.
4. Mai, der von einer argentinischen "Exocet"-Rakete getroffene Torpedobootzerstörer HMS Sheffield brennt sechs Tage lang bevor er sinkt.
4 mei, de torpedojager HMS Sheffield getroffen door een Argentijnse "Exocet" raket zal zes dagen branden alvorens te zinken.
4 de mayo, el cazatorpedos HMS Sheffield, golpeado por un misil "Exocet" argentino, quemará por seis días antes de hundirse.

▲ 1982
A soldier with the Royal Engineers en route to the Falklands.
Soldat der englischen Genie bei der Abreise zu den Falkland-Inseln.
Soldaat van de Engelse genie vertrekt naar de Falklands.
Soldado de esencia inglesa sale para las Falkland.

◀ 1982
Argentinean prisoners of war, guarded by British soldiers, arrive at the collection point.
Argentinische Kriegsgefangene erreichen unter Überwachung der britischen Soldaten die Sammelstelle.
Argentijnse krijgsgevangenen bereiken het verzamelpunt onder bewaking van Britse soldaten.
Prisioneros de guerra argentinos llegan al punto de encuentro vigilados por los soldados británicos.

▲ 1982
Wounded British soldiers are transported to the Royal Navy aircraft carrier, HMS Hermes.
Verwundete englische Soldaten werden auf dem Flugzeugträger der britischen Marine HMS Hermes transportiert.
Gewonde Engelse militairen worden vervoerd op de HMS Hermes, het vliegdekschip van de Britse marine.
Militares ingleses heridos se transportan en la HMS Hermes, portaaérea de la Marina británica.

1982 ▶
A pile of weapons handed over by the Argentineans after the surrender.
Haufen von Waffen, die von den Argentiniern nach ihrer Kapitulation ausgehändigt wurden.
Hopen wagens die de Argentijnen na de overgave afgegeven hebben.
Cúmulos de armas entregadas por los argentinos después de la rendición.

The War in Afghanistan
Der Afghanistan-Krieg
Oorlog in Afghanistan
Guerra en Afganistán
1979-1989

Information about the Russian invasion was a black hole for the rest of the world in part because it was impossible for western journalists to reach the combat zone.

Die russische Invasion war ein schwarzes Loch für die Information in der ganzen Welt, auch weil die westlichen Journalisten nicht in der Lage waren, die Gefechtszonen zu erreichen.

De Russische invasie was een zwart gat voor de wereldinformatie, ook door de onmogelijkheid van de Westerse journalisten om de gevechtszones te bereiken.

La invasión rusa fue un agujero negro para la información mundial también por la imposibilidad de los periodistas occidentales de alcanzar las zonas de los combates.

1986
Soviet paratroopers aboard a BMD armoured combat vehicle.
Sowjetische Fallschirmspringer an Bord eines BMD-Panzers.
Sovjetische parachutisten aan boord van een BMD-gevechtsvoertuig.
Paracaidistas soviéticos a bordo de un vehículo de combate BMD.

Mujahedeen in the hills near Kunar, Afghanistan.
Mujaheddin auf den Anhöhen bei Kunar, Afghanistan.
Mujaheddin op de hoogvlakten, nabij Kunar, Afghanistan.
Mujaheddin en las alturas cerca de Kunar, Afganistán.

Munda Dir, Mujahedeen in radio contact with Kunar.
Munda Dir, Mujaheddin in Radioverbindung mit Kunar.
Munda Dir, Mujaheddin in radioverbinding met Kunar.
Munda Dir, Mujaheddin en conexión radio con Kunar.

Yugoslav Wars
Der Krieg im ehemaligen Jugoslawien
Oorlog in ex-Joegoslavië
Guerra en la ex Yugoslavia
1991 - 1995

None of the media were prepared for the violence and brutality provoked by the wars in the former Yugoslavia just a few kilometres away from civilised Europe.

Die Medien waren nicht auf die Gewalt und Brutalität vorbereitet, die die Kriege im ehemaligen Jugoslawien nur wenige Kilometer vom zivilen Europa entfernt auslösten.

Geen van de media was voorbereid op het geweld en de brutaliteiten die de oorlogen in ex-Joegoslavië op enkele kilometers afstand van het beschaafde Europa ontketenden.

Ningún medio estaba preparado para la violencia y la brutalidad que las guerras en la ex Yugoslavia desencadenaron en pocos kilómetros de distancia de la civil Europa.

Cristiano Laruffa, 1991
Fighters in the outskirts of Vukovar.
Kämpfer in der Vorstadt von Vukovar.
Strijders in de buitenwijken van de stad Vukovar.
Combates en la periferia de la ciudad de Vukovar.

◀ **Cristiano Laruffa, 1991**
Regular army troops patrol the outskirts of Vukovar.
Reguläre Truppen kontrollieren die Vorstadt von Vukovar.
Reguliere troepen controleren de buitenwijken van Vukovar.
Tropas regulares controlan la periferia de Vukovar.

▶ **Cristiano Laruffa, 1992**
The road to Vukovar, marked by fires and devastation.
Die Straße nach Vukovar, übersät mit Bränden und Zerstörung.
De weg naar Vukovar, vol branden en verwoesting.
El camino para Vukovar, cubierto de incendios y destrucciones.

▲ **Cristiano Laruffa, 1992**
A group of Serb paramilitaries.
Gruppe serbischer Paramilitärs.
Groep Servische paramilitairen.
Grupo de paramilitares serbios.

◀ **Cristiano Laruffa, 1992**
Serbo-Croatian war, faced with the destruction of her village, a woman weeps.
Krieg zwischen Serbien und Kroatien, eine Frau weint vor ihrem zerstörten Dorf.
Oorlog tussen Servië en Croatië, een vrouw huilt bij haar verwoeste dorp.
Guerra entre Serbia y Croacia, una mujer llora delante de su aldea destruida.

▲ **1993**
The journalist Guido Puletti, killed along with two other Italians, not far from Sarajevo.
Der Journalist Guido Puletti, der mit zwei anderen Italienern in der Nähe von Sarajevo getötet wurde.
De journalist Guido Puletti, vermoord samen met twee andere Italianen in de buurt van Sarajevo.
El periodista Guido Puletti, matado con otros dos italianos cerca de Sarajevo.

◀ **1995**
Zeljko Raznatovic, known as "Arkan", the notorious commander of the "Tigers", a paramilitary unit famous for its brutality.
Zeljko Raznatovic, unter dem Namen "Arkan" bekannt, berüchtigter Befehlshaber der "Tiger", einer Paramilitäreinheit, die für ihre grausamen Aktionen berühmt war.
Zeljko Raznatovic, bekend onder de naam "Arkan", de beruchte commandant van de "Tijgers", een paramilitaire eenheid die bekend stond om zijn gruwelijke acties.
Zeljko Raznatovic, conocido con el nombre de "Arkan", malfamado comandante de la "Tigri", unidad paramilitar conocida por sus acciones crueles.

◀ **1995**
A massacre in a Sarajevo market leaves 33 dead and 57 wounded.
Blutbad auf dem Markt von Sarajevo, 33 Personen uwrden getötet und 57 verletzt.
Bloedbad op de markt van Sarajevo, 33 mensen werden vermoord en 57 raakten gewond.
Masacre en el mercado de Sarajevo, 33 personas muertas y 57 heridas.

▶ **1995**
Following the fall of the Zepa enclave, Ratko Mladic, Chief of Staff of the Serbian Army, congratulates his troops.
Der Oberbefehlshaber der serbischen Armee, General Ratko Mladic, beglückwünscht seine Soldaten nach dem Fall der Enklave Zepa.
Ratko Mladic, de generaal die aan het hoofd van het Servische leger stond, feliciteert zijn soldaten na de val van de enclave Zepa.
El general jefe del ejército serbio Ratko Mladic se congratula con sus soldados tras la caída del enclave de Zepa.

◀ **1999**
A pathologist examines the remains of one of 20 bodies discovered in a mass grave not far from Kalinovik, 70 km from Sarajevo.
Ein Pathologe untersucht die Überreste eines von 20 in einem Massengrab in der Nähe von Kalinovik, 70 km von Sarajevo entfernt, aufgefundenen Leichnamen.
Een patholoog-anatoom analyseert de resten van een van de 20 lichamen die in een massagraf vlakbij Kalinovik gevonden werd, op 70 km van Sarajevo.
Un patólogo analiza los restos de uno de los 20 cuerpos encontrados en una fosa común cerca de Kalinovik, a 70 km de Sarajevo.

The War in Kosovo
Der Kosovokrieg
Oorlog in Kosovo
Guerra en Kosovo
1998 - 1999

Images of the Serbian massacres carried out in Kosovo, broadcast by CNN, reinforced the sense that there was a genocide underway. The biggest scoop for reporters was finding proof of the slaughter and mass graves.

Die von der CNN übertragenen Bilder der serbischen Massaker von Kosovo-Bewohnern verstärkten die Idee, dass ein Völkermord im Gange war. Der von den Reportern am meisten gesuchte Scoop wurde, die Beweise für die Massaker und die Massengräber zu finden.

De beelden die de CNN van de Servische afslachtingen van de Kosovaren uitzond, versterkten het idee dat een volkerenmoord uitgevoerd werd. Het werd voor verslaggevers de belangrijkste scoop om het bewijs van de afslachtingen en de massagraven te vinden.

Las imágenes trasmitidas por la CNN de los estragos serbios de Kosovari refuerzan la idea de un genocidio en acto. Para los reporteros el scoop más ambicioso fue encontrar la prueba de los estragos y las fosas comunes.

1998
A Serbian Police Officer mans the machine gun on an armoured vehicle in Srebica during the fighting against KLA activists.
Ein serbischer Polizist am Maschinengewehr eines Panzerwagens bei Srebica während der Unternehmungen gegen die UCK-Aktivisten.
Een Servische politieagent aan de mitrailleur van een pantservoertuig in Srebenica, tijdens een actie tegen de activisten van het Uck.
Un agente de policía serbio con la metralladora de un blindado en Srebica, durante las acciones contra los activistas del Uck.

▲ 1998
Trestenik, the body of a man killed during the fighting with a soldier from the Serb security forces in the background.
Der Leichnam eines bei den Gefechten getöteten Mannes und ein Agent der serbischen Sicherheitskräfte in Trestenik.
Het lichaam van een dode man die om het leven kwam tijdens de gevechten en een agent van de Servische veiligheidskrachten in Trestenik.
El cuerpo de un hombre matado en los enfrentamientos y un agente de las fuerzas de seguridad serbias en Trestenik.

◀ 1999
A F-117 "Stealth" plane lands at the base in Aviano, Italy.
Landung eines F-117 "Stealth" in der Basis von Aviano in Italien.
Landing van een F-117 "Stealth" op de basis van Aviano in Italië.
Aterrizaje de un F-117 "Stealth" en la base de Aviano en Italia.

◀ 1998
Bodies of Albanian victims in a ditch in Racak, 25 km south of Pristina.
Opfer albanischer Ethnie in einem Graben bei Racak, 25 km südlich von Pristina.
Slachtoffers van een Albanese bevolkingsgroep in een greppel in Racak, 25 km ten zuiden van Pristina.
Víctimas de etnía albanesa en una fosa en Racak, 25 km al sur de Pristina.

▼ 1999
Serb civilians form a human shield to protect the bridges in Belgrade from NATO air raids.
Menschlicher Schutzschild serbischer Zivilisten zum Schutz der Brücken von Belgrad vor den Flug-Raids der NATO.
Menselijk schild van Servische burgers om de bruggen van Belgrado tegen de luchtraids van de NAVO te beschermen.
Escudo humano de civiles serbios para proteger los puentes de Belgrado de los raid aéreos de la OTAN.

◀ 1999
A Yugoslav MIG-21 takes off from Pristina airport.
Eine jugoslawische MIG-21 hebt von der Piste des Flughafens von Pristina ab.
Een Joegoslavische MIG-21 stijgt op van het vliegveld van Pristina.
Un MIG-21 yugoslavo despega de la pista del aeropuerto de Pristina.

▶ **1999**
Anti-aircraft fire over Belgrade during a raid by NATO air forces.
Flugabwehr im Einsatz über Belgrad während eines Luftangriffs der NATO.
Luchtafweer in actie in Belgrado tijdens een luchtaanval van de NAVO.
Contraaérea en acción en Belgrado durante una incursión aérea de la OTAN.

◀ **1999**
The launch of a Tomahawk missile from the USS Philippines, somewhere in the Adriatic Sea.
Abschuss einer Tomahawk-Rakete von der USS Philippines Sea, die im Adriatischen Meer unterwegs war.
Lancering van een Tomahawk raket van de USS Philippines Sea op de Adriatische zee.
Lanzamiento de un misil Tomahawk de la USS Philippines Sea, en navegación en el mar Adriático.

▶ **1999**
Slavko Curuvija, a journalist for the Serbian opposition and owner of the "Dnevni Telegraf" paper is assassinated in Belgrade.
Slavko Curuvija, Journalist der serbischen Opposition und Eigentümer der Tageszeitung "Dnevni Telegraf", wurde in Belgrad ermordet.
Slavko Curuvija, journalist van de Servische oppositie en eigenaar van het dagblad "Dnevni Telegraf", werd in Belgrado vermoord.
Slavko Curuvija, periodista de la oposición serbia y propietario del periódico "Dnevni Telegraf", fue asesinado en Belgrado.

◀ 1998
An American B-52 bomber lands at RAF Fairford in England.
Ein amerikanischer B-52 landet auf der Basis der RAF in Fairford, Großbritannien.
Een Amerikaanse B-52 landt op de basis van de RAF in Fairford in Groot-Brittannië.
Un B-52 americano aterriza en la base de la RAF en Fairford, Gran Bretaña.

▲ 1999
Two NATO anti-tank "Apache" helicopters not far from the border between Macedonia and Yugoslavia.
Zwei Panzerabwehrhubschrauber der NATO vom Typ "Apache" in der Nähe der Grenze zwischen Mazedonien und Jugoslawien.
Twee "Apache" anti-tank helikopters van de NAVO vlakbij de grens tussen Macedonië en Joegoslavië.
Dos helicópteros "Apache" antitanque de la OTAN cerca del límite entre Macedonia y Yugoslavia.

1999 ▶
NATO soldiers in a refugee camp on the Albanian border.
NATO-Soldaten in einem Flüchtlingslager an der albanischen Grenze.
Militairen van de NAVO in een vluchtelingenkamp aan de Albanese grens.
Militares de la OTAN en un campo de prófugos en el límite albanés.

◀▼ **1999**
Slobodan Milosevic (above left) and other leading members of the Serb government were accused of committing war crimes against humanity during the Kosovo conflict.
Slobodan Milosevic (links oben) und andere Spitzenleute der serbischen Regierung wurden angeklagt, während des Kosovo-Kriegs Verbrechen gegen die Menschheit begangen zu haben.
Slobodan Milosevic (linksboven) en andere topleden van de Servische regering werden beschuldigd van oorlogsmisdaden tegen de mensheid die zij tijdens de oorlog in Kosovo begaan hadden.
Slobodan Milosevic (a la izquierda en alto) y otros miembros de importancia del gobierno serbio fueron acusados de crímenes de guerra contra la humanidad cometidos durante la guerra de Kosovo.

▶ 1999
A sniper with the Irish Guards in Petrovac, Macedonia, shortly before the advance on Kosovo.
Scharfschütze des 1. Bataillons der Irish Guards in Petrovac, Mazedonien, kurz vor dem Vormarsch im Kosovo.
Scherpschutter van het 1e Bataljon van de Irish Guards in Petrovac, in Macedonië, kort voor de opmars in Kosovo.
Tirador de primera del I Batallón de las Irish Guards en Petrovac, Macedonia, poco antes del avance en Kosovo.

The Chechen War
Der Tschetschenienkrieg
Oorlog in Tsjetsjenië
Guerra en Chechenia

1995 - 2004

The war in Chechnya was dirty and brutal and neither camp gave any quarter. It was a Caucasian Vietnam with vodka on one side and the Koran on the other.

Schmutziger, brutaler Tschetschenienkrieg auf Leben und Tod auf beiden Fronten: ein kaukasisches Vietnam mit Wodka auf der einen Seite und dem Koran auf der anderen.

Tsjetsjenië, een vuile, brute oorlog op leven en dood aan beide fronten: een Kaukasisch Vietnam met wodka aan de ene zijde en de Koran aan de ander.

Chechenia guerra sucia, brutal y sin límites en ambos frentes: un Vietnam caucásico con el vodka por una parte y el Corán por la otra.

1995
Shamil Basayev, leader of the Chechen rebels.
Der Anführer der tschetschenischen Rebellen, Shamil Basayev.
De Tsjetsjeense rebellenleider Shamil Basayev.
El jefe de los rebeldes chechenos, Shamil Basayev.

▲ **1995**
A victim of war lies on a road in Gudermes.
Kriegsopfer in einer Straße von Gudermes.
Oorlogsslachtoffer in een straat van Gudermes.
Víctima de guerra en una calle de Gudermes.

▲ **1995**
Salman Raduyev, one of the leaders of the Chechen rebellion.
Salman Raduyev, einer der Anführer der tschetschenischen Rebellen.
Salman Raduyev, een van de leiders van de Tsjetsjeense opstand.
Salman Raduyev, uno de los líderes de la rebelión chechena.

◀ 1996
A Russian soldier carrying a blow-up doll in Shali.
Russischer Soldat mit einer aufblasbaren Puppe in Shali.
Russisch soldaat met een opblaaspop in Shali.
Soldado ruso con una muñeca hinchable en Shali.

▼ 1996
A Russian soldier fires a machine gun mounted on a tank near Shali.
Russischer Soldat im Einsatz am Maschinengewehr eines Panzers in der Nähe von Shali.
Russisch soldaat in actie met de mitrailleur van een tank in de buurt van Shali.
Soldado ruso en acción con la metralladora de un tanque cerca de Shali.

◀ 1996
Tanks provide cover fire in Shali during the advance of the Russian Infantry.
Deckungsfeuer der Panzer bei Shali während des Vormarschs der russischen Infanterie.
Dekvuur van de tanks in Shali tijdens de opmars van de Russische infanterie.
Fuego de cobertura de los tanques en Shali, durante el avance de la infantería rusa.

▶ 1996
A Russian soldier killed in action in Grozny.
Im Einsatz bei Grozny gefallener russischer Soldat.
Russische soldaat vermoord tijdens acties in Grozny.
Soldado ruso matado en acción en Grozny.

2000
A Russian soldier feeds a Chechen prisoner not far from the village of Komsomolskoye.
Ein russischer Soldat gibt einem tschetschenischen Gefangenen zu Essen, in der Nähe des Dorfes Komsomolskoye.
Russisch soldaat geeft een Tsjetsjeense gevangene te eten, in de buurt van het dorp Komsomolskoye.
Soldado ruso alimenta a un prisionero checheno, cerca de la aldea de Komsomolskoye.

1999
A western television crew film a report from the front to the south of Gudermes.
Westliche Fernsehtruppe während eines Berichts über die Südfront von Gudermes.
Westerse televisietroep tijdens een reportage over het front ten zuiden van Gudermes.
Equipo televisivo occidental durante un servicio en el frente, sur de Gudermes.

2000
A Russian attack helicopter in the region of Nozhai-Yurt flies in under the radar.
Ein russischer Kampfhubschrauber nähert sich im Treffflug der Region Nozhai-Yurt.
Een Russische gevechtshelikopter nadert in scheervlucht de regio Nozhai-Yurt.
Un helicóptero de combate ruso se acerca sobrevolando la región de Nozhai-Yurt.

2000
Lord David Russell-Johnston, President of the Parliamentary Assembly of the Council of Europe, takes a photograph on the front near Gudermes.
Lord David Russell-Johnston, Präsident der Delegation des Europarats, schießt ein Foto an der Front bei Gudermes.
Lord David Russell-Johnston, Voorzitter van de delegatie van de Raad van Europa, maakt een foto aan het front vlakbij Gudermes.
Lord David Russell-Johnston, Presidente de la delegación del Consejo Europeo, saca una foto en el frente cerca de Gudermes.

THE WARS OF OUR TIMES
The turn of the century and real time reporting on CNN and the Internet.
Desert Storm in 1991, with Peter Arnett as the only journalist to cover NATO air raids, brought with it the beginning of live TV reporting. The second war against Saddam saw even more of the same, as embedded reporters told the world what was happening around them, enjoying much the same freedom as their predecessors in Vietnam but with different rules. Unable to control the news, the military exploited it and at times, as in the case of Bush junior's stance on weapons of mass destruction, it smacked of deception. The military occupation complicated things further and journalists fell foul of friendly fire and terrorists. In Afghanistan, in some aspects practically a virtual war, it began with the hunt for Osama Bin Laden, went on to devastate most of the country but still appears to have no end in sight. Meanwhile, with the birth of Al Jazeera and Al Arabia, conflicts are being reported from a different point of view. In Ossetia, the Russians shut down the web before they attacked and in Korea, a corvette was sunk and bombs are falling although no war has been declared.
And so the work of our war correspondents continues...

DIE KRIEGE UNSERER ZEIT
Um das Jahr 2000 herum treten wir in die Epoche der Direktübertragung und des Internet ein. 1991 wird durch Desert Storm der Krieg ein direkt miterlebtes TV-Ereignis. Peter Arnett ist der einzige Journalist, der die Luftangriffe der Nato für die Weltöffentlichkeit kommentiert. Der zweite Krieg gegen Saddam Hussein steht dem in nichts nach. Es sind die so genannten embedded-Journalisten, die darüber berichten. Sie haben zwar die Freiheit wie in Vietnam, aber nur unter bestimmten Auflagen. Da die Militärs der Information keinen Maulkorb verpassen können, setzen sie sie für ihre Ziele ein. Teils stinkt das zum Himmel, wie z.B. die Berichterstattung über die angeblichen, von Bush jr. als Kriegsgrund angeführten Massenvernichtungsmittel in Saddam Waffenarsenal. Mit der Besetzung des Irak komplizieren sich die Dinge weiter. Die Journalisten werden das Ziel von Friendly Fire oder Terroristen. Ein in gewisser Weise virtueller Krieg in Afghanistan gegen Osama Bin Laden führt zur Einnahme eines Großteils des Landes, aber nicht zum Sieg. Gleichzeitig entsteht Al Jazeera, Al Arabia und ein neuer Blickwinkel auf die Kriegsereignisse. In Ossetien schalten die Russen vor dem Einmarsch das Internet ab. In Korea versinkt ein Kreuzer und werden Kanonenschüsse abgegeben, ohne dass ein Krieg erklärt wurde. Die Arbeit der Kriegsberichterstatter geht weiter.

DE HEDENDAAGSE OORLOGEN
Het jaar 2000, het real time tijdperk van CNN en Internet.
In 1991 luidde Desert Storm het rechtstreekse TV-verslag in, met Peter Arnett als enige journalist die verslag deed van de raids van de Navo-luchtmacht. De tweede oorlog van Saddam doet daar niet voor onder en het zullen de "embedded" zijn die verslaggeven. De vrijheid van Vietnam maar met andere regels. Omdat het leger de informatie niet kan beteugelen, maakt ze er gebruik van. Soms wordt nattigheid gevoeld, zoals met de massavernietigingswapens van Bush jr. Met de militaire bezetting wordt alles gecompliceerder en worden journalisten het doel van vriendelijk vuur of terroristen. In Afghanistan begint de oorlog, die in zekere zin virtueel is, met de jacht op Osama Bin Laden en wordt een groot deel van het land verwoest maar het conflict wordt niet opgelost. En ondertussen ontstaan Al Jazeera, Al Arabia en een nieuw standpunt over de conflicten. In Ossetië vallen de Russen aan nadat ze het web geïsoleerd hebben. In Korea zinkt een korvet en regent het kanonskogels zonder dat de oorlog verklaard is.
En het werk van de oorlogsverslaggevers gaat door...

LAS GUERRAS DE NUESTROS DÍAS
Años 2000, en tiempo real de la CNN e Internet.
En 1991 Desert Storm inauguró la directa tv, con Peter Arnett como único periodista para cubrir los raid de la aviación Otan. La segunda guerra con Saddam no es la excepción y para contarla estarán los "embedded". La libertad de Vietnam pero con otras reglas. No pudiendo limitar la información el ejército la usará. A veces huele a fraude, como para las armas de destrucción de masa de Bush jr. Después con la ocupación militar las cosas se complican y los periodistas se vuelven el blanco de fuego amigo o de los terroristas. En Afganistán, una guerra por algunos aspectos virtuales, empieza con la caza a Osama Bin Laden, destruye gran parte del país pero después no concluye. Y mientras tanto nacen Al Jazeera, Al Arabia y un nuevo punto de vista sobre los conflictos. En Osetia, los rusos antes de atacar aíslan la web. En Corea se hunde una corbeta y llueven cañonazos sin una guerra declarada.
Y el trabajo de los corresponsales de guerra continúa...

The Gulf War (Desert Storm)
Der Golfkrieg (Desert Storm)
De Golfoorlog (Desert Storm)
Guerra del Golfo (Desert Storm)
1991

According to some estimates, the Gulf War resulted in at least three hundred thousand deaths and an unspecified number of injured, particularly amongst the civilian population.

Der Golfkrieg hat nach einigen Schätzungen mindestens 300.000 Tote und eine unbestimmte Anzahl Verwundeter verursacht, vor allem unter der Zivilbevölkerung.

De Golfoorlog heeft volgens enkele schattingen minstens driehonderdduizend doden en een onbekend aantal gewonden veroorzaakt, met name onder de burgerbevolking.

La guerra del Golfo provocó, según algunas valoraciones, al menos trescientos mil muertos y un número impreciso de heridos, especialmente entre la población civil.

1991
F-16 and F-15 fighters from the Fighter wing fly over Kuwait's burning oil wells.
Jäger F-16 und F-15 des 4. Fighter Wing im Flug über den brennenden Ölquellen in Kuwait.
De jachtvliegtuigen F-16 en F-15 van de IV Fighter Wing vliegen boven de brandende olieputten van Koeweit.
Caza F-16 y F-15 del IV Fighter Wing en vuelo sobre los pozos en llamas del Kuwait.

By the time reporters reached Highway 80, all they found were the wrecks of Iraqi convoys that had been bombed. The bodies had been taken away just before they arrived to ensure they could not be filmed for TV or photographed.

Als die Reporter auf dem Highway 80 eintrafen, fanden sie nur die Trümmer der bombardierten irakischen Autokolonnen; die Leichname waren kurz zuvor beiseite geschafft worden, um zu vermeiden, dass sie vom Fernsehen oder von Fotografen aufgenommen werden konnten.

Toen de verslaggevers op Highway 80 arriveerden, vonden ze alleen de wrakken van de gebombardeerde Iraakse voertuigcolonnes, de dode lichamen waren kort daarvoor weggehaald om te voorkomen dat ze voor de televisie zouden komen of gefotografeerd zouden worden.

Cuando los reporteros llegaron en la Highway 80 encontraron sólo restos de convoyes iraquíes bombardeados, los cadáveres habían sido removidos poco antes para evitar que fueran filmados por las tv o fotografiados.

▲ 1991
Civilian and military vehicles destroyed in a coalition air attack in the Euphrates valley.
Durch einen Luftangriff der Koalition im Euphrattal zerstörte Zivil- und Militärfahrzeuge.
Civiele en militaire voertuigen verwoest door een luchtaanval van de coalitie in het dal van de Eufraat.
Vehículos civiles y militares destruidos por un ataque aéreo de la coalición en el valle del Eufrates.

1991 ▶
An Iraqi column destroyed by the US Air Force on Highway 80, nicknamed "the highway of death".
Von der USA-Luftwaffe zerstörte irakische Kolonne auf dem Highway 80, genannt "die Autobahn des Todes".
Iraakse colonne verwoest door de Amerikaanse luchtmacht op Highway 80, de "snelweg van de dood" genoemd.
Convoy iraquí destruido por la aviación Usa en la Highway 80, llamada "la autopista de la muerte".

◀ 1991
Oil wells burning in Kuwait.
Brennende Ölquellen im kuwaitischen Staatsgebiet.
Brandende petroleumputten op het grondgebied van Koeweit.
Pozos de petróleo en llamas en el territorio kuwaití.

1991 ▶
A petrol dump burns following an aerial attack by coalition forces during operation "Desert Storm".
Brennende Brennstofflager nach einem Luftangriff der Koalition während des Unternehmens "Desert Storm".
Brandende brandstoftanks na een luchtaanval van de coalitie tijdens de operatie "Desert Storm".
Depósitos de carburante en llamas después de un ataque aéreo de la coalición durante la operación "Desert Storm".

◀ **1991**
Iraqi T-55 tanks abandoned on the Bassor-Kuwait highway.
Auf der Autobahn Bassora-Kuwait verlassene, irakische T-55-Panzer.
Iraakse T-55 tanks achtergelaten op de snelweg Bassora-Koeweit.
Tanques iraquíes T-55 abandonados en la autopista Bassora-Kuwait.

◄ 1991
Iraqi "Scud" missiles shot down in the desert by US "Patriots".
Irakische "Scud"-Rakete, in der Wüste von den amerikanischen "Patriot" abgeschossen.
Iraakse "Scud" raket door Amerikaanse "Patriots" neergehaald in de woestijn.
Misil iraquí "Scud" abatido en el desierto por los "Patriot" americanos.

▲ 1991
Iraqi T-55 tank in the desert, destroyed by Allied aircraft.
In der Wüste von der alliierten Luftwaffe zerstörter irakischer T-55-Panzer.
Iraakse T-55 tank door de geallieerde luchtmacht verwoest in de woestijn.
Tanque iraquí T-55 destruido en el desierto por la aviación aliada.

The Second Gulf War (Iraqi Freedom)
Zweiter Golfkrieg (Iraqi Freedom)
De Tweede Golfoorlog (Iraqi Freedom)
Segunda guerra del Golfo (Iraqi Freedom)
2003

George W. Bush's "preventive war" doctrine, announced after the attack on the World Trade Center, affirmed that the US would not wait for the enemy to take action, but would use all its military power to prevent it, even outside its national borders.

Die von George W. Bush nach dem Attentat auf das World Trade Center vertretene "Lehre des Präventivkriegs" besagte, dass die USA die Angriffe des Feindes nicht abwarten würden, sondern ihre ganze Militärmacht nutzen würden, um ihnen zuvorzukommen, auch außerhalb der nationalen Grenzen.

De "doctrine van de preventieve oorlog", uiteengezet door George W. Bush na de aanval op het World Trade Center, hield in dat de VS de aanvallen van de vijand niet zouden afwachten maar dat zij hun militair vermogen zouden gebruiken om deze te voorkomen, ook buiten de nationale grenzen.

La "doctrina de la guerra preventiva" enunciada por George W. Bush después del atentado al World Trade Center, sostenía que los USA no habrían esperado los ataques del enemigo, sino que tendría que usar toda su potencia militar para prevenirlos, incluso fuera de los límites nacionales.

2003
"Say no to war", protests in Paris against American plans to attack Iraq.
"Nein zum Krieg", Protest in Paris gegen die amerikanischen Pläne eines Angriffs auf den Irak.
"Nee tegen de oorlog", het protest in Parijs tegen de Amerikaanse aanvalsplannen in Irak.
"No a la guerra", en París la protesta contra los planes americanos de ataque al Irak.

▲ 2003
George W. Bush, the 43rd President of America from 2001-2009.
George W. Bush, 43. amerikanischer Präsident von 2001 bis 2009.
George W. Bush, 43e Amerikaanse President van 2001 tot 2009.
George W. Bush, 43° Presidente americano de 2001 a 2009.

2003 ▶
A British Royal Marine "Milan" anti-tank missile battery fires on an Iraqi position, the Al Faw peninsula.
Batterie von Panzerabwehrraketen "Milan" der British Royal Marine im Einsatz gegen einen irakischen Posten, Al-Faw-Halbinsel.
Batterij antitankraketten "Milan" van de British Royal Marine in actie tegen een Iraakse stelling, schiereiland Al Faw.
Batería de mísiles antitanque "Milan" de los British Royal Marine en acción contra una posición iraquí, península de Al Faw.

◀ **2003**
An NBC chemical and bacteriological warfare drill in the Kuwaiti desert.
NBC-Übung gegen chemischen und bakteriologischen Krieg in der Wüste Kuwaits.
Oefening van de NBC tegen de chemische en bacteriologische oorlog in de woestijn van Koeweit.
Ejercitación NBC contra la guerra química y bacteriológica en el desierto del Kuwait.

▼ **2003**
One of Saddam Hussein's soldiers killed in action.
Ein im Kampf gefallener Soldat von Saddam Hussein.
Een soldaat van Saddam Hussein is omgekomen tijdens de gevechten.
Un soldado de Saddam Hussein matado en combate.

2003
Members of the ruling "Baath" party militia watch Allied jets over Baghdad.
Milizsoldaten der Regierungspartei "Baath" beobachten die Jets der Alliierten über Bagdad.
Militanten van de regeringspartij "Baath" observeren de geallieerde jets boven Baghdad.
Milicianos del partido gubernativo "Baath" observan los jet aliados sobre Baghdad.

◀ 2003
A bombing raid on the Ministry for Information, Baghdad.
Bombardements über dem Informationsministerium, Bagdad.
Bombardement op het Ministerie van de Informatie, Baghdad.
Bombardeo sobre el Ministerio de la Información, Baghdad.

2003 ▶
Explosions in the Presidential district of Baghdad during an air raid by coalition forces.
Explosionen in den Präsidentenquartieren in Bagdad während eines Luftangriffs der Koalition.
Explosies in de presidentiële wijken van Baghdad tijdens een luchtaanval van de coalitie.
Explosiones en los barrios presidenciales de Baghdad durante una incursión aérea de la coalición.

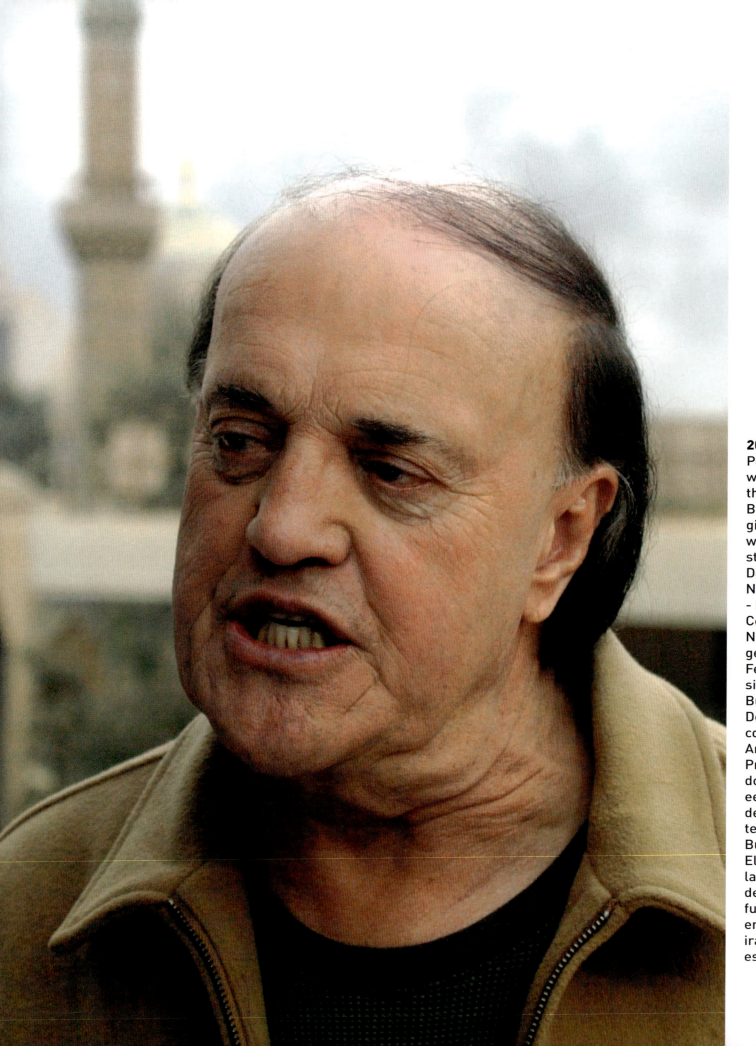

2003
Peter Arnett, NBC's multi-award winning journalist, seen here on the roof of the Press Centre in Baghdad, was fired by NBC after giving Iraqi TV an interview in which he was critical of Bush's strategy.
Der mehrfach preisgekrönte NBC-Korrespondent Peter Arnett - hier auf dem Dach des Press Center in Bagdad - wurde von der NBC aufgrund eines Interviews gegenüber dem irakischen Fernsehen entlassen, in dem er sich kritisch gegenüber der Bush-Strategie äußerte.
De meermalen bekroonde correspondent van de NBC Peter Arnett - hier op het dak van het Press Center in Baghdad - werd door de NBC ontslagen vanwege een interview, uitgezonden door de Iraakse TV, dat kritisch was ten aanzien van de strategie van Bush.
El pluripremiado corresponsal de la NBC Peter Arnett - en el techo del Press Center en Baghdad - fue despedido por la NBC por una entrevista, realizada para la tv iraquí, critica con respecto a la estrategia de Bush.

2003
28th March, seven Italian journalists are stopped and held by Iraqi police and later transferred from Bassora to Baghdad.
28. März, sieben italienische Journalisten wurden von der irakischen Polizei gefasst, festgehalten und schließlich von Basra nach Bagdad verlegt.
28 maart, zeven Italiaanse journalisten werden door de Iraakse politie tegengehouden en vastgehouden en vervolgens van Bassora naar Baghdad gebracht.
28 de marzo, siete periodistas italianos fueron parados y detenidos por la policía iraquí, y después transferidos de Bassora a Baghdad.

▲ 2003
American soldier Jessica Lynch, aged 19.
Die amerikanische Soldatin Jessica Lynch, 19 Jahre.
De Amerikaanse soldaat Jessica Lynch, 19 jaar.
El soldado americano Jessica Lynch, 19 años.

▲ 2003
Brigadier General Vincent Brooks, spokesperson for CENTCOM during a press briefing in the outskirts of Doha.
Brigadegeneral Vincent Brooks, Sprecher des CENTCOM, während eines Presse-Briefing in der Nähe von Doha.
De Generaal van de Brigade Vincent Brooks, woordvoerder van CENTCOM, tijdens een briefing voor de pers, in de nabijheid van.
El General de Brigada Vincent Brooks, portavoz del CENTCOM, durante un briefing para la prensa cerca de Doha.

Jessica Lynch, wounded and captured by the Iraqis, was freed by American Special Forces. Her experience, and her liberation in particular, received considerable coverage in the world's press and television.

Jessica Lynch, verwundet und von den Irakern gefangen genommen, wurde vom Spezialkorps der USA befreit. Ihr Abenteuer und vor allem ihre Befreiung wurde mit großem Nachdruck in den Zeitungen und Fernsehsendungen der ganzen Welt veröffentlicht.

Jessica Lynch, door de Irakezen verwond en gevangengenomen, werd door speciale korpsen van de VS bevrijd. Haar avontuur, en vooral haar bevrijding, werden met grote nadruk in de kranten en op de TV van de hele wereld gepubliceerd.

Jessica Lynch, herida y capturada por los iraquíes, fue liberada por los cuerpos especiales Usa. Su aventura y sobre todo su liberación fueron publicadas con gran énfasis en los periódicos y las tv de todo el mundo.

▲ 2003
Iraqi militia, Fallujah.
Irakische Milizsoldaten, Fallujah.
Iraakse militanten, Fallujah.
Milicianos iraquíes, Fallujah.

▲ 2003
Anarchy reigns in a liberated Baghdad.
Anarchie im befreiten Bagdad.
Anarchie in het bevrijde Baghdad.
Anarquía en Baghdad liberada.

◀ 2003

Mosul, 22nd July. 200 US troops surround and attack the house in which Sadam Hussein's two sons, Uday and Qusay, are hiding.

22. Juli, Mosul. 200 US-Soldaten umzingeln und greifen den Ort an, wo sich Uday und Qusay, die beiden Söhne Saddam Husseins zurückgezogen haben.

22 juli, Mosul. 200 Amerikaanse soldaten omringen de woning waar Uday en Qusay, de twee zonen van Saddam Hussein, beschutting gezocht hebben en vallen de woning aan.

22 de julio, Mosul. 200 soldados USA rodean y atacan la vivienda donde se repararon Uday y Qusay, los dos hijos de Saddam Hussein.

2003 ▶

23rd July. The bodies of Saddam's sons, Uday and Qusay, killed in the fighting in Mosul.

23. Juli. Die Leichname der Söhne Saddams, Uday und Qusay, beim Kampf in Mosul getötet.

23 juli. De lichamen van de zonen van Saddam, Uday en Qusay, vermoord tijdens de gevechten in Mosul.

23 de julio. Los cuerpos de los hijos de Saddam, Uday y Qusay, matados en combate en Mosul.

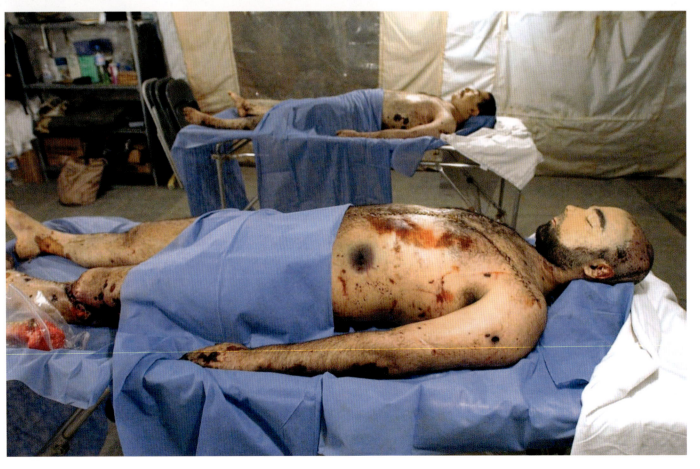

▲ 2003
13th December. American soldiers capture Saddam Hussein having discovered him, not far from Tikrit, hiding at the bottom of a hole.
13. Dezember. Saddam Hussein wird in einem unterirdischen Versteck in der Nähe von Tikrit entdeckt und von US-Soldaten gefangen genommen.
13 december. Saddam Hussein wordt ontdekt in een ondergrondse schuilplaats in de buurt van Tikrit en wordt door de Amerikaanse militairen gevangen genomen.
13 de diciembre. Saddam Hussein fue descubierto en un escondite subterráneo cerca de Tikrit y capturado por los militares estadounidenses.

▼ 2004
A guerrilla fighter in Fallujah.
Guerrillakämpfer in Fallujah.
Guerrillastrijder in Fallujah.
Guerrillero en Fallujah.

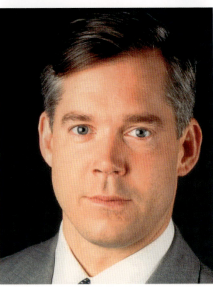

▲ 2003
Five of the eight journalists who died during the Iraq conflict: (from above left) Michael Kelly, Terry Lloyd, Gaby Rado, Paul Moran, David Bloom.
Fünf der acht während des Irak-Konflikts getöteten Journalisten: (von oben links) Michael Kelly, Terry Lloyd, Gaby Rado, Paul Moran, David Bloom.
Vijf van de acht journalisten die tijdens het conflict in Irak overleden zijn: (van linksboven) Michael Kelly, Terry Lloyd, Gaby Rado, Paul Moran, David Bloom.
Cinco de los ocho periodistas muertos durante el conflicto en Irak: (de izq. en alto) Michael Kelly, Terry Lloyd, Gaby Rado, Paul Moran, David Bloom.

2004
An M1 "Abrams" tank in action in Fallujah.
M1-Panzer "Abrams" im Einsatz in Fallujah.
M1 "Abrams" tank in actie in Fallujah.
Tanque M1 "Abrams" en acción en Fallujah.

2004 ▶
An Arab journalist protests following the killing, by US soldiers, of Ali-al-Khatib and Ali Abdul-Azis from Al Arabia TV in Baghdad.
Ein arabischer Journalist protestiert nach der Tötung von Ali al-Khatib und Ali Abdul-Aziz vom Fernsehen Al Arabiya in Bagdad, seitens amerikanischer Soldaten.
Arabische journalist protesteert na de moord op Ali al-Khatib en Ali Abdul-Aziz, van de TV Al Arabiya in Baghdad, door Amerikaanse soldaten.
Periodista árabe protesta tras el asesinato de Ali al-Khatib y Ali Abdul-Aziz, de la tv Al Arabiya en Baghdad, por parte de soldados americanos.

◀ **Cristiano Laruffa, 2004**
Italian soldiers from the San Marco Battalion in a forward post, Nassiriya.
Italienische Soldaten des San-Marco-Bataillons an einem vorgeschobenen Posten, Nasiriyya.
Italiaanse soldaten van het Bataljon San Marco in een vooruitgeschoven stelling, Nasiriyya.
Soldados italianos del Batallón San Marco en una posición avanzada, Nasiriyya.

◀ **2004**

Two journalists, one Polish and one Algerian, killed by persons unknown, south of Baghdad.
Zwei Journalisten, ein Pole und ein Algerier, von Unbekannten südlich von Bagdad getroffen.
Twee journalisten, een Pool en een Algerijn, getroffen door onbekenden ten zuiden van Baghdad.
Dos periodistas, uno polaco y un argelino, golpeados por desconocidos en el sur de Baghdad.

According to "Reporters without Borders", the international organization that defends the freedom of reporters, 176 journalists died in Iraq following the Anglo-American invasion.

Nach einem Bericht der internationalen Organisation zur Verteidigung der Journalisten "Reporter ohne Grenzen" wurden im Irak seit Beginn des anglo-amerikanischen Eingriffs 176 Journalisten getötet.

Volgens een rapport van de internationale organisatie ter verdediging van de journalisten "Reporters zonder grenzen", zijn vanaf het begin van de Engels-Amerikaanse interventie in Irak 176 journalisten om het leven gekomen.

Según un informe de la organización internacional en defensa de los periodistas "Reporteros sin fronteras", del inicio de la intervención anglo-americana fueron matados en Irak 176 periodistas.

◀ **2007**

A journalist's car riddled with bullets.
Das von Projektilen getroffene Auto einer Journalistin.
De door kogels getroffen auto van een journalist.
El automóvil de un periodista atacado por proyectiles.

◀ 2004
Kidnapped Italian journalist, Enzo Baldoni, executed by the "Islamic Army in Iraq" on 26 August when their demands were not met by their deadline.
Der italienische Journalist Enzo Baldoni wurde nach Ablauf eines Ultimatums am 26. August von der islamischen Armee des Irak entführt und getötet.
De Italiaanse journalist Enzo Baldoni, ontvoerd en vermoord bij het verstrijken van het ultimatum, op 26 augustus, door het Islamitische Leger van Irak.
El periodista italiano Enzo Baldoni secuestrado y matado cuando vencía un ultimatum, el 26 de agosto, por el Ejército islámico de Irak.

▼ 2004
26 year-old Palestinian journalist, Mazen al-Tumeizi, was killed on camera whilst covering a US helicopter attack on Baghdad.
Tod in Direktübertragung für den palästinensischen Journalisten Mazen al-Tumeizi, 26 Jahre, der während eines amerikanischen Hubschrauberangriffs auf Bagdad getötet wurde.
De rechtstreeks uitgezonden dood van de Palestijnse journalist Mazen al-Tumeizi, 26 jaar, vermoord tijdens een Amerikaanse helikopteraanval in Baghdad.
Muerte en directa para el periodista palestino Mazen al-Tumeizi, 26 años, matado durante un ataque de helicópteros americanos en Baghdad.

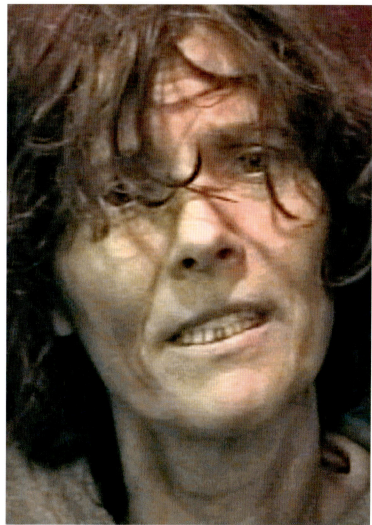

▲ 2004
French journalist Florence Aubenas who had been kidnapped in Iraq, during a desperate video-appeal broadcast by her kidnappers.
Die im Irak entführte französische Journalistin Florence Aubenas während eines verzweifelten, von ihren Entführern verbreiteten Video-Appells.
De Franse journaliste Florence Aubenas, ontvoerd in Irak, tijdens een wanhopig videoappèl dat door haar ontvoerders verspreid werd.
La periodista francesa Florence Aubenas, secuestrada en Irak durante una desesperada apelación video difundida por sus secuestradores.

▲ 2005
A car-bomb explodes in Baghdad.
Explosion einer Autobombe in Bagdad.
Explosie van een autobom in Baghdad.
Explosión de un coche bomba en Baghdad.

◀ 2006
The body of a cameraman "embedded" with an American unit, killed by a bomb in the centre of Baghdad.
Der Leichnam eines "embedded" Kameramanns auf einem amerikanischen Konvoi, getötet von einer Bombe im Zentrum von Bagdad.
Het lichaam van een cameraman "embedded" in een Amerikaans konvooi, vermoord door een bom in het centrum van Baghdad.
El cuerpo de un cameraman "embedded" en un convoy americano, matado por una bomba en el centro de Baghdad.

▲ 2007
An Iraqi policeman greets a family during a joint patrol in Samarra.
Ein irakischer Polizist begrüßt eine Familie während einer gemeinsamen Patrouille in Samarra.
Een Iraakse politieman groet zijn familie tijdens een gezamenlijke patrouille in Samarra.
Un policía iraquí saluda a una familia durante una operación de patrulla conjunta a Samarra.

2007 ▶
US soldiers take shelter in a hole during an exchange of fire with rebels in a Baghdad suburb.
US-Soldaten in Deckung in einer Grube während eines Feuergefechts mit den Rebellen in einem Vorort von Bagdad.
Amerikaanse soldaten zoeken beschutting in een gat tijdens een vuurgevecht met de rebellen in een voorstad van Baghdad.
Soldados USA al reparo en una fosa durante un conflicto a fuego con los rebeldes en un suburbio de Baghdad.

Afghanistan
Afganistán
2001

The terrorist attacks on the World Trade Center and the Pentagon caused the death of 3,000 people as well as the ensuing American offensive in Afghanistan, where the CIA believed al-Qaida terrorists, led by Osama Bin Laden were hiding out.

Die terroristischen Angriffe auf das World Trade Center und das Pentagon verursachten den Tod von 3.000 Menschen und die darauffolgende amerikanische Offensive gegen Afghanistan, das von der CIA als geheimer Zufluchtsort der von Osama Bin Laden angeführten Al-Qaida-Terroristen gehalten wurde.

De terroristische aanvallen op het World Trade Center en het Pentagon veroorzaakten de dood van 3000 mensen en hadden het Amerikaanse offensief tegen Afghanistan tot gevolg, dat door de CIA als geheime schuilplaats van de terroristen van al-Qaida beschouwd werd, die onder leiding van Osama Bin Laden zouden staan.

Los ataques terroristas al World Trade Center y al Pentágono provocaron la muerte de 3.000 personas y la sucesiva ofensiva americana contra Afganistán, considerado por la Cia el refugio secreto de los terroristas de al-Qaida guiados por Osama Bin Laden.

2001
11th September, New York. Attack on the World Trade Centre.
New York, 11. September. Attentat auf das World Trade Centre.
New York, 11 september. Aanslag op het World Trade Centre.
New York, 11 de septiembre. Atentado al World Trade Centre.

▲ 2001
Osama Bin Laden.

▲ 2001
Leader of Afghani opposition rebels, Ahmad Shah Massoud, during a meeting with western journalist in a village in the Panjshir village.
Der Rebellenführer der afghanischen Opposition Ahmad Shah Massoud während eines Treffens mit Journalisten aus dem Westen in einem Dorf im Panjshir-Tal.
De rebellenleider van de Afghaanse oppositie Ahmad Shah Massoud tijdens een ontmoeting met Westerse journalisten in een dorp van de Panjshir vallei.
El líder de los rebeldes de la oposición afgana Ahmad Shah Massoud durante un encuentro con periodistas occidentales en una aldea del valle del Panjshir.

▲ **2001**
Militiamen with the Afghani opposition keeping watch, not far from Jangalak airport, 160km from Kabul.
Milizsoldaten der afghanischen Oppositionsfront auf Wache beim Flughafen Jangalak, 160 km von Kabul.
Militanten van het front van de Afghaanse oppositie in de buurt van het vliegveld van Jangalak, op 160 km van Kaboel.
Milicianos del frente de oposición afgana de guardia cerca del aeropuerto de Jangalak, a 160 km de Kabul.

▲ **2001**
A guard at the Sultan of Oman's palace in Muscat, reads the news about the aerial bombings on Afghanistan in the "Oman Daily Observer".
Eine Palastwache des Sultanats Oman in Muscat liest im "Oman Daily Observer" die Nachrichten über die Luftbombardements in Afghanistan.
Een bewaker van het paleis van het Sultanaat van Oman in Muscat leest in de "Oman Daily Observer" het nieuws van de luchtbombardementen op Afghanistan.
Una guardia del palacio del Sultanato de Omán en Muscat lee en el "Oman Daily Observer" las noticias de los bombardeos aéreos sobre Afganistán.

2001 ▶
An AC-130H "Spectre" gunship in action against the Taleban in Kandahar.
Das amerikanische fliegende Kanonenboot AC-130H "Spectre" im Einsatz gegen die talibanischen Streitkräfte in Kandahar.
Het vliegende Amerikaans gunship AC-130H "Spectre" in actie tegen de Taliban in Kandahar.
Una cañonera volante americana AC-130H "Spectre" en acción contra las fuerzas talibanas en Kandahar.

◀ **2001**
"Not in my Name, Stop the War", a protest march in London following the first Anglo-American bombing of Afghanistan.
"Not in my Name, Stop The War", Protest in London nach Beginn der anglo-amerikanischen Bombardements in Afghanistan.
"Not in my Name, Stop The War", protest in Londen na het begin van de Engels-Amerikaanse bombardementen in Afghanistan.
"Not in my Name, Stop The War", protesta en Londres después que empiezan los bombardeos anglo-americanos en Afganistán.

◀ 2001
Abdul Salam Zaeef, the Afghani Ambassador to Pakistan, and his interpreter during a press conference with western journalists in Islamabad.
Der afghanische Botschafter in Pakistan, Abdul Salam Zaeef und sein Dolmetscher während einer Pressekonferenz mit Westjournalisten in Islamabad.
De Afghaanse ambassadeur in Pakistan, Abdul Salam Zaeef en zijn tolk, tijdens een persconferentie met Westerse journalisten in Islamabad.
El embajador afgano en Pakistán, Abdul Salam Zaeef y su intérprete, durante una conferencia de prensa con los periodistas occidentales en Islamabad.

2001
Pakistani volunteers fight in support of the Taleban.
Freiwillige Pakistani kämpften in Unterstützung der Talibanen.
Pakistaanse vrijwilligers vochten om de taliban te steunen.
Voluntarios pakistaníes combatieron apoyando a los talibanes.

From the left: Harry Burton from Reuters Australian Television; Spanish journalist with El Mundo, Julio Fuentes; Maria Grazia Cutuli, journalist with the Corriere della Sera and Reuters photographer, Afghani Azizullah Haidari.

Von links: Harry Burton der Reuters Australian Television; der spanische Journalist des El Mundo, Julio Fuentes; die Journalistin des Corriere della Sera, Maria Grazia Cutuli und der Fotograf der Reuters afghanischer Nationalität Azizullah Haidari.

Vanaf links: Harry Burton van Reuters Australian Television; de Spaanse journalist van El Mundo, Julio Fuentes; de journalist van Il Corriere della Sera, Maria Grazia Cutuli en de fotograaf van Reuters, van Afghaanse nationaliteit, Azizullah Haidari.

Desde la izquierda: Harry Burton de la Reuters Australian television; el periodista español de El Mundo, Julio Fuentes; la periodista del Corriere della Sera, Maria Grazia Cutuli y el fotógrafo de la Reuters de nacionalidad afgana Azizullah Haidari.

2001
Four journalists kidnapped and killed by the Taleban in an ambush on the road between Jalalabad and Kabul on 19th November.
Vier von den Talibanen nach einem Hinterhalt auf der Straße zwischen Jalalabad und Kabul am 19. November entführte und getötete Journalisten.
Vier door de taliban gekidnapte en vermoorde journalisten na een hinderlaag op de weg tussen Jalalabad en Kabul op 19 november.
Cuatro periodistas capturados y matados por los talibanes tras una emboscada en el camino entre Jalalabad y Kabul, el 19 de noviembre.

◀ **2001**
The running battle during a revolt in the prison in Mazar-i-Sharif between Northern Alliance guerrillas and inmates, resulted in the death of more than 600 Taleban detainees.
Kampf im Gefängnis Mazar-i-Sharif zwischen den Guerrillakämpfern der Nordallianz und den Aufrührern des Gefängnisses. Bei den Gefechten starben über 600 talibanische Gefängnisinsassen.
Strijd in de gevangenis van Mazar-i-Sharif tussen guerrillastrijders van de Noordelijke Alliantie en de opstandelingen van de gevangenis. Bij deze gevechten sneuvelden meer dan 600 gevangen taliban.
Batalla en la prisión de Mazar-i-Sharif entre los guerrilleros de la Alianza del Norte y los rebeldes de la cárcel. En los enfrentamientos murieron más de 600 talibanes detenidos.

2001 ▶
The body of a Taleban fighter who died in the clashes in Mazar-i-Sharif.
Leichnam eines Talibans nach den Gefechten von Mazar-i-Sharif.
Lijk van een taliban na de gevechten van Mazar-i-Sharif.
Cadáver de un talibán tras los enfrentamientos de Mazar-i-Sharif.

◀ **2001**
Secretary of Defense, Donald Rumsfeld, during a Pentagon press conference about operations in Afghanistan.
Der Verteidigungssekretär Donald Rumsfeld während einer Pressekonferenz im Pentagon über die Unternehmungen in Afghanistan.
De Staatsecretaris van Defensie, Donald Rumsfeld, tijdens een persconferentie in het Pentagon over de operaties in Afghanistan.
El Secretario de Defensa, Donald Rumsfeld, durante una conferencia de prensa en el Pentágono sobre las operaciones en Afganistán.

2001 ▶
15th Marine Expeditionary Force Unit, Charlie Company, mans a mortar at Camp Justice on the American front line.
Die Kompanie Charlie in vorderster Linie bei Camp Justice, amerikanischer Granatwerferposten der 15. Marine-Division im Süden von Afghanistan.
De compagnie Charlie in de eerste linies in Camp Justice, Amerikaanse mortierstelling van de 15° Marine in het zuiden van Afghanistan.
La compañía Charlie en primera línea en Camp Justice, posición americana de morteros del 15° Marine en el sur de Afganistán.

◄ 2001
British Royal Marine commandos at the air base in Bagram, Afghanistan.
Kommandos der British Royal Marine auf der Luftbasis Bagram in Afghanistan.
Commando's van de British Royal Marine op de luchtbasis van Bagram in Afghanistan.
Commandos del British Royal Marine en la base aérea de Bagram en Afganistán.

2001 ►
Hunting for Osama Bin Laden in the caves and secret tunnels in Tora Bora.
Jagd auf Osama Bin Laden in den Höhlen und Geheimtunneln von Tora Bora.
Jacht op Osama Bin Laden in de geheime grotten en tunnels van Tora Bora.
Caza a Osama Bin Laden en las cavernas y en los túneles secretos de Tora Bora.

▲ 2008
Italian soldiers on patrol in Herat Province.
Italienische Soldaten auf Patrouille in der Provinz Herat.
Patrouillerende Italiaanse soldaten in de provincie Herat.
Soldados italianos de patrulla en la provincia de Herat.

◀ 2008
Machine gunners on a CH 47 helicopter flying over Herat.
NG-Schützen in einem CH- 47-Hubschrauber im Flug über Herat.
Mitrailleurs op een CH 47 helikopter die boven Herat vliegt.
Arsenal en un helicóptero CH 47 en vuelo sobre Herat.

2010 ▶
NATO Operation "Isaf", controls the territory in the Bala Murghab area.
NATO-Unternehmen "Isaf", Kontrolle des Territoriums im Gebiet von Bala Murghab.
NATO-operatie "Isaf", controle van het grondgebied in de zone van Bala Murghab.
Operación OTAN "Isaf", control del territorio en la zona de Bala Murghab.

2010
Night patrol in the village of Roken in the area around Farah.
Nächtliche Patrouille im Dorf Roken, im Gebiet Farah.
Nachtelijke patrouille in het dorp Roken in de streek Farah.
Patrulla nocturna en la aldea de Roken, en la zona de Farah.

Georgia and Ossetia
Georgien und Ossetien
Georgië en Ossetië
Georgia y Osetia
2008

The Russian attack on South Ossetia was a veritable "blitzkrieg" with armoured vehicles and air attacks. The war was broadcast by the whole world's media right in the midst of summer.

Die Russen griffen Ossetien in einem richtigen Blitzkrieg mit Panzerwagen und Luftwaffe an, der Krieg wurde mitten im Sommer von den Medien der ganzen Welt übertragen.

De Russen vielen Ossetië aan met een echte blitzkrieg van pantservoertuigen en vliegtuigen en in hartje zomer kwam de oorlog in de hele wereld voor het nieuws.

Los rusos atacaron Osetia con un verdadero blitzkrieg de medios acorazados y aviación, la guerra fue transmitida en el verano en los medios de comunicación de todo el mundo.

2008
A Russian armoured column heads for Tskhinvali, the capital of South Ossetia.
Kolonne russischer Panzerwagen rücken Richtung Tskhinvali, der Hauptstadt von Südossetien vor.
Russische pantsercolonne rukt op naar Tskhinvali, hoofdstad van Zuid-Ossetië.
Convoy acorazado ruso marchando hacia Tskhinvali, capital de Osetia del Sur.

2008 ▶
Georgian soldiers near the village of Megvrikisi, not far from the capital Tskhinvali.
Georgische Soldaten in der Nähe des Dorfs Megvrikisi, nicht weit von der Hauptstadt Tskhinvali.
Georgische soldaten in de buurt van het dorp Megvrikisi, niet ver van de hoofdstad Tskhinvali.
Soldados georgianos cerca de la aldea de Megvrikisi, no lejos de la capital Tskhinvali.

◀ **2008**
A Georgian soldier drags a boy wounded in a Russian air raid on Gori in Georgia.
Ein georgischer Soldat schleppt einen verwundeten Jungen nach einem russischen Luftangriff auf Gori in Georgien.
Georgische soldaat brengt een gewonde jongen weg, na een Rusische luchtaanval op Gori, in Georgië.
Soldado georgiano arrastra a un joven herido después de una incursión aérea rusa en Gori, Georgia.

2008 ▶
Soldiers from South Ossetia on the road towards the capital, Tskhinvali.
Soldaten Südossetiens auf der Straße zur Hauptstadt Tskhinvali.
Soldaten van Zuid-Ossetië op weg naar de hoofdstad Tskhinvali.
Soldados de Osetia del Sur en el camino hacia la capital Tskhinvali.

Korea
Corea
2010

2010
A military parade in Pyongyang, North Korea.
Militärparade in Pyongyang, Nordkorea.
Militaire parade in Pyongyang, Noord-Korea.
Parada militar en Pyongyang, Corea del Norte.

▲ 2010
23rd November. The island of Yeonpyeong is bombed by North Korean artillery.
23. November. Die Insel Yeonpyeong wurde von der Artillerie Nordkoreas bombardiert.
23 november. Het eiland Yeonpyeong is gebombardeerd door de artillerie van Noord-Korea.
23 de Noviembre. La isla de Yeonpyeong fue bombardeada por la artillería de Corea del Norte.

◀ 2010
Part of the South Korean naval ship, the "Cheonan" that was recovered after it had been sunk in a missile attack.
Teil der "Cheonan", eines südkoreanischen Militärschiffs, das nach seiner Torpedierung sichergestellt wurde.
Deel van de "Cheonan", militair schip van Zuid-Korea, dat na getorpedeerd te zijn, teruggewonnen wordt.
Parte de la "Cheonan", buque militar de Corea del Sur, recuperado tras su torpedeo.

▲ 2010
The revelations about wartime operations and "friendly" fire incidents, including those involving journalists divulged by Julian Assange through WikiLeaks, mark the beginning of a new way to report wars using Internet to disseminate confidential information.
Julian Assange und WikiLeaks mit den Enthüllungen über Kriegsunternehmungen und "Eigenbeschuss" auch auf Journalisten, leiten eine neue Epoche der Kriegsberichterstattung ein unter Anwendung von Internet, um geheime Informationen zu verbreiten.
Julian Assange en WikiLeaks met de onthullingen over oorlogsacties en "vriendelijk" vuur ook op journalisten, luiden een nieuwe manier van oorlogsverslaggeving in met gebruik van internet om vertrouwelijke informatie te verspreiden.
Julian Assange y WikiLeaks con las revelaciones sobre acciones de guerra y fuego "amigo" incluso sobre periodistas, inauguran un modo nuevo de contar las guerras usando Internet para difundir informaciones reservadas.

Libya
Libyen
Libië
Libia
2011

An uprising against Colonel Mu'ammar Gaddafi turns into a civil war. International air forces under the NATO umbrella, from England, France, Italy and America, intervene under the spotlights of the whole world's TV camera, to protect the armed dissidents by bombing the regime's forces.

Eine Revolte verwandelt sich in einen Bürgerkrieg gegen Rais Muammar al-Gaddafi. Die internationalen, englischen, französischen, italienischen und amerikanischen Luftkräfte bombardieren unter der Ägide der NATO im Rampenlicht von Fernsehsendern aus der ganzen Welt die Streitkräfte des Regimes, um die bewaffneten Dissidenten zu schützen.

Een opstand wordt burgeroorlog tegen de Raïs Mu'ammar Khadaffi. De internationale, Engelse, Italiaanse en Amerikaanse luchtmacht onder de dekmantel van de Navo bombardeert de strijdkrachten van het regime om de dissidenten te beschermen die naar de wapens gegrepen hebben. Dit alles komt over de hele wereld op televisie.

Una revuelta se trasforma en guerra civil contra el Rais Muamar el Gadafi. Las fuerzas aéreas internacionales inglesas, francesas, italianas y americanas bajo la cobertura de la Otan intervienen bombardeando las fuerzas del régimen para proteger a los disidentes de armas, bajo los reflectores de las tv mundiales.

Claudio Accogli, 2011
One of Colonel Gaddafi's tanks in the central square in the city of Zawiya.
Ein Panzer des Regimes von Oberst Gaddafi auf dem zentralen Platz der Stadt Zawiya.
Een tank van het regime van Kolonel Khadaffi op het centrale plein van de stad, Zawiya.
Un tanque del régimen del Coronel Gadafi en la plaza central de la ciudad, Zawiya.

◀ **Mohamed Messara, 2011**
Supporters of the regime, following a NATO bombardment.
Anhänger des Regimes nach dem Bombardement der NATO.
Volgelingen van het regime na het bombardement van de NAVO.
Partidarios del régimen después del bombardeo de la OTAN.

Laurence Figà-Talamanca, 2011 ▶
A rebel checkpoint at the entry to a key oil complex.
Check Point der Rebellen vor den Toren des Erdölzentrums.
Check point van de opstandelingen aan de poorten van de petroleuminstallaties.
Check point de los rebeldes en las puertas del polo petrolífero.

Index of names

Namensindex

Inhoudsopgave van de namen

Índice de los nombres

À Court Repington, Charles 79
Abd el-Nasser, Gamal 478
Abdul-Aziz, Ali 567
Accogli, Claudio 594
Adler, Martin 501
Al-Khatib, Ali 567
Alpi, Ilaria 500
Al-Tumeizi, Mazen 568-569
Andres, Erich 194-195, 196, 197, 198-199, 200, 201, 202-203, 204, 205
Arafat, Yasser 492
Arnett, Peter 476, 558
Assange, Julian 593
Aubenas, Florence 569
Bagosora, Théoneste 505
Baldoni, Enzo 568
Balogh, Laszlo 492
Baltermans, Dimitrij 354
Basayev, Shamil 536
Benesch, Eduard 305
Bin Laden, Osama 574
Bloom, David 564
Boothe Luce, Clare 286-287

Bothma, Nic 497, 512, 513
Bradley, Omar 430
Brady, Mattew 26
Braun, Werner 486, 487
Brooks, Vincent 560
Brunet de Sairigné, Gabriel 463
Burrows, Larry 470, 474
Bush, George W. 554
Capa, Robert 172-173, 441
Chaldej, Evgenij 354, 436, 437, 438, 441
Chapelle, Dickey 476
Chou En-Lai 221
Churchill, Mary 310
Churchill, Winston Spencer 40, 310
Ciriello, Raffaele 492
Clark, Mark 286-287
Conan Doyle, Arthur 41
Cooley, Samuel A. 21
Cronkite, Walter 477
Crownley, Alfred 180-181
Curuvija, Slavko 533
Custer, George Armstrong 36

D'Adda, Lorenzo 55, 56-57, 58, 59, 60, 61
Davis, Richard Harding 50, 75
Dayan, Moshe 482
Deng Yingchao 221
Di Girolamo, Antonella 491
Doolittle, Jimmy 399
Dunn, Robert Lee 52-53
Durand, André 492
Ehlert, Max 256
Eisenhower, Dwight D. 407, 430
Fallaci, Oriana 476
Fenton, Roger 12, 13, 14, 15, 16, 17
Figà-Talamanca, Laurence 595
Frentz, Walter 254, 343, 344, 345
Frissell, Toni 290, 291, 292, 293
Gaddafi, Muammar 394
Gallagher, O.D. 215
Gardner, Alexander 25, 27
Gibbon, Floyd P. 74
Gibbs, Philip 74
Giorgio V 122
Goering, Herman 441

Grabill, John C. H. 37
Grimm, Arthur 236, 250-251, 296, 297, 298, 314-315, 318, 319, 336-337, 338, 339
Guynemer, Georges 147
Guzmán, Juan 184-185, 187
Hailé Selassié 164
Harding Davis, Richard 50, 75
Hass, Amira 493
Hearst, William Randolph 50
Heinrich, Hoffmann 255
Hemingway, Ernest 73, 176
Henke, Hans-Georg 435
Hess, Rudolph 284
Himmler, Heinrich Luitpold 344
Hitler, Adolf 148, 149, 226, 243, 254, 433, 436
Hoeffke, Hermann 238
Hoffmann, Heinrich 149, 226
Hubmann, Hanns 248, 250-251, 258-259, 263, 329, 346-347, 348, 349
Hussein, Qusay 562
Hussein, Saddam 563

Hussein, Uday 562
Jinesta, Marina 184-185
Joffre, Joseph 100
Johnson, Lyndon 466-467
Johnson, Roosevelt 496
Jovane, Francesco 470, 471
Kai-Shek, Chiang 218-219
Kelly, Michael 564
Lange, Dorothea 284
Laruffa, Cristiano 498-499, 500, 522-523, 524, 525, 566
Lauterwasser, Siegfried 330
Liska, Hans 250-251
Lloyd, Terry 564
Lochner, Louis 284
Lorant, Stefan (Istvan) 460
Lufbery, Raoul 144, 147
Lynch, Jessica 560
MacArthur, Douglas 445, 455
Maginot, André 234
Malaparte, Curzio 273
Malraux, André 177
Mao Tse-Tung 220

Masaryk, Jan 285
Massoud, Ahmad Shah 574
McCullin, Don 477
Messara, Mohamed 595
Michel, Odette 179
Miller, Lee 284
Milosevic, Slobodan 534
Mladic, Ratko 527
Moran, Paul 564
Mordenti, Adriano 482, 483, 484-485, 486, 487
Mößlang, Hugo 250-251
Mussolini, Benito 268-269, 386, 428, 429
Napoleone III 28
Navarre, Jean 140
Nixon, Richard 475
Orwell, George 176
O'Sullivan, Timothy H. 22-23
Pabel, Hilmar 265, 340, 341, 475
Patton, George A. 384, 430
Paulas, Gunther 130
Pavolini, Alessandro 165

Payne, Richard 180-181
Petacci, Claretta 429
Petraschk, Karl Arthur 335, 410, 411
Petrussow, Georgij 426-427
Puletti, Guido 526
Quilici, Nello 272
Quin, Bugler 131
Qusini, Abdel Rahim 493
Rado, Gaby 564
Raduyev, Salman 537
Ray, Man 284
Raznatovic, Zeljko (Arkan) 527
Riefenstahl, Leni 227, 233
Rommel, Erwin 374, 408
Roosevelt, Franklin Delano 369
Roosevelt, Theodore 50
Rosenthal, Joe 446
Rühle, Lothar 250-251
Rumsfeld, Donald 581
Russell, William Howard 14
Russell-Johnston, David (Lord) 543
Saivastre, Eugène 18-19
Sassou Nguesso, Denis 508

Savimbi, Jonas 511
Schödl, Georg 424
Sherman, William Tecumseh 26
Silwadi, Osama 492
Snow, Edgar 221
Solm, Fritz 250-251
Sparling, Marcus 13
Stephen, Otto 131
Stuhldeer, George 180-181
Taylor, Charles 494-495
Thatcher, Margaret 514-515
Thompson, Dorothy 285
Verdun 105, 106, 140
Von Richthofen, Manfred 134, 137
Weidenbaum, Konrad v. 250-251
Weinrother, Carl 252, 253
Westmoreland, William 474
Wichert, Tom v. 250-251
Wittmann, Michael 410
Wundshammer, Benno 249, 250-251, 356, 434
Zaeef, Abdul Salam 577
Zelma, Georgi 355, 358-359

© 2011 SCALA Group S.p.A.
62, via Chiantigiana
50012 Bagno a Ripoli
Florence (Italy)
www.scalarchives.com

Text and picture research: Claudio Razeto

Created and distributed in cooperation with Frechmann Kolón GmbH
www.frechmann.com

Project Management: E-ducation.it S.p.A. Firenze

Translations: *Parole S.a.s.* di Alessandra Angelini

ISBN (English): 978-88-87090-74-1
ISBN (German): 978-88-87090-73-4
ISBN (Dutch): 978-88-87090-75-8

Printed in China 2011

Picture credits
© 2011 AGF/Scala, Florence
© 2011 Ansa
© 2011 BI, ADAGP, Paris/Scala, Florence
© 2011 Cinecitta Luce /Scala, Florence
© 2011 De Rose/Scala, Florence
© 2011 DeAgostini Picture Library/Scala, Florence
© 2011 Digital image, The Museum of Modern Art, New York/Scala, Florence
© 2011 DUfoto/Scala, Florence
© 2011 EFE/Scala, Florence
© 2011 Epa/Ansa
© 2011 Lorenzo D'Adda/Scala, Florence
© 2011 Photo Ann Ronan/Heritage Images/Scala, Florence
© 2011 Photo Art Media/Heritage Images/Scala, Florence
© 2011 Photo Art Resource/Scala, Florence/John Bigelow Taylor
© 2011 Photo Austrian Archives/Scala Florence
© 2011 Photo Keystone Archives/Heritage Images/Scala, Florence
© 2011 Photo Nat. Portrait Gall. Smithsonian/Art Resource/Scala, Florence
© 2011 Photo Scala, Florence
© 2011 Photo Scala Florence/Heritage Images
© 2011 Photo Scala, Florence/BPK, Bildagentur fuer Kunst, Kultur und Geschichte, Berlin
© 2011 Scala, Florence/Walter Frentz Collection
© 2011 Photo Stapleton Historical Collection/Heritage Images/Scala, Florence
© 2011 Photo The Print Collector/Heritage-Images/Scala, Florence
© 2011 Photomasi
© 2011 The Metropolitan Museum of Art/Art Resource/Scala, Florence
© 2011 WGBH Stock Sales/Scala, Florence
© 2011 White Images/Scala, Florence
Courtesy of National Library of Congress

Robert Capa © Magnum/Contrasto
John Heartfield © by Siae 2011
Pablo Picasso, Guernica © Succession Picasso, by SIAE 2011
Man Ray © Man Ray Trust, by SIAE 2011
Joe Rosenthal © AP 2011

The Publisher has made its best efforts to clear all the image copyrights.
Copyrights holders are invited to get in touch with the Publisher where it has not been possible to trace them.